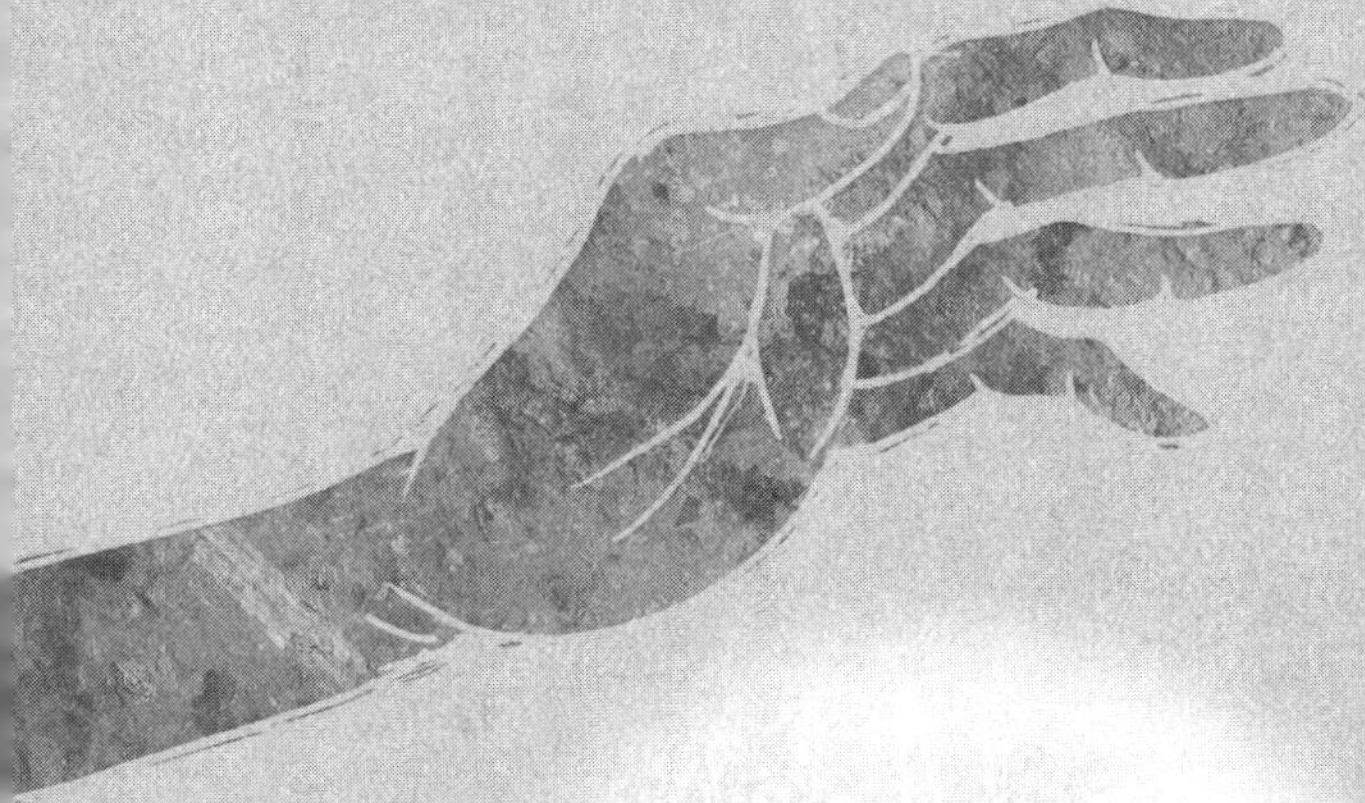

福音は何を変えたか

聖書翻訳宣教から学ぶ
神のミッション

福田 崇
Fukuda Takashi

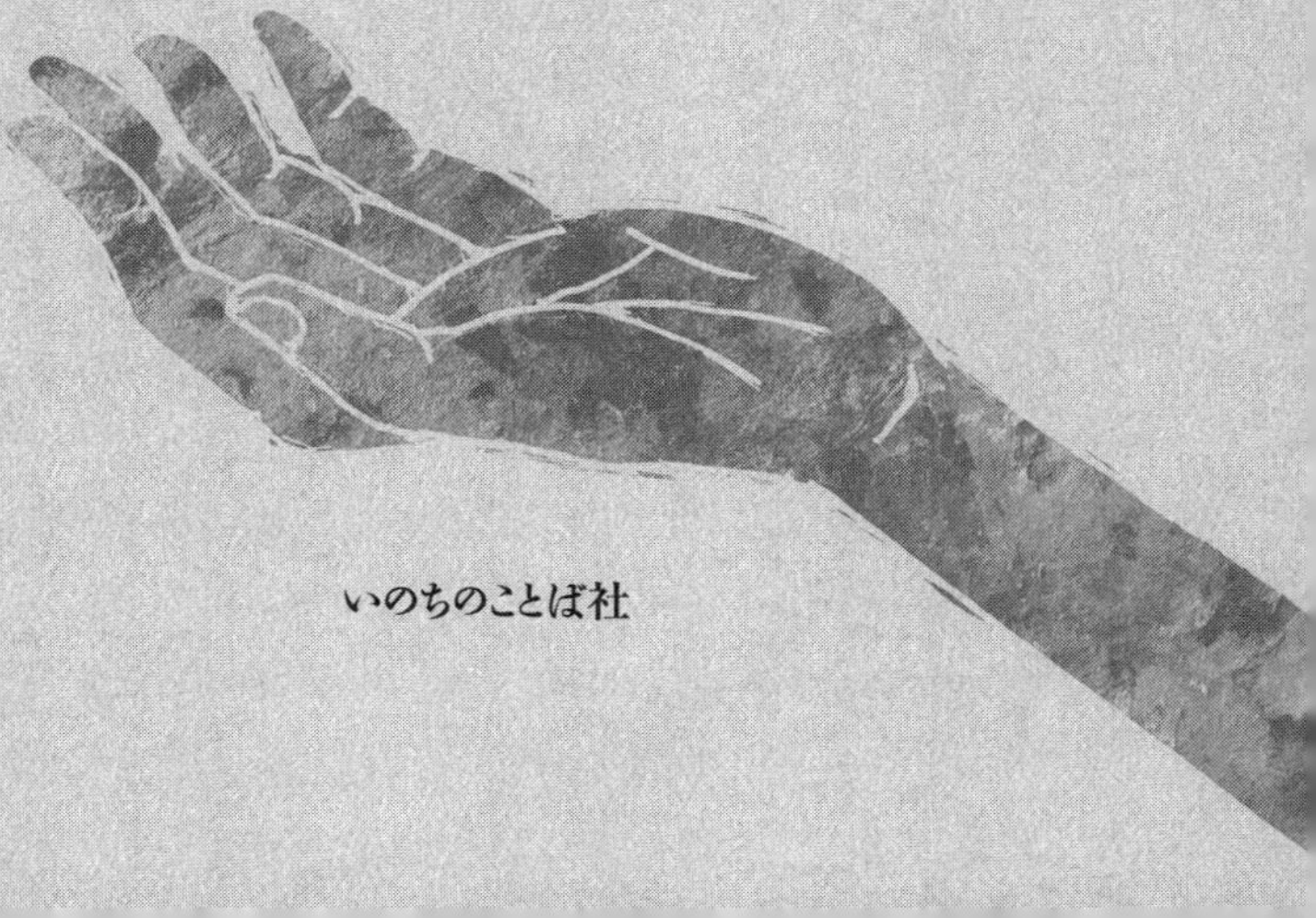

いのちのことば社

はじめに

小学生の頃に短波ラジオを聞いたりしていて、他の言語への興味・関心が与えられました。中波の通常のラジオで聞こえてくるロシア語、中国語、韓国語などを、意味もわからないまま、音の流れを聞くのが楽しかったのです。短波ラジオを手に入れてからは、もっと多くの世界の言語を聞いて楽しんでいました。また中学生の頃にいろいろの物語や伝記を読み、辺地の教師になりたいとの願いをもつようになりました。これらは救われる前のことでした。今にして思えば、救われる前から、いや、生まれる前から、主が私の人生を導いていてくださったのです。

高校一年生のときに、イエス様を信頼して歩み始め、福音を伝えるようになり、また世界の人々に伝えたいと祈るようになりました。クリスチャンになったのは高校生伝道の hi-b.a. の働きを通してでした。すぐに家の近くにあった宣教教会（現在までの母教会）に通うようになりました。ウィクリフの働きについて書いてある雑誌の「ジャングルの文盲と戦う乙女たち」

という記事を読み、言語・教育・宣教という三つのことをすべて含んでいる働きがあることを知り驚きました。ウィクリフの働きは、母語への聖書の翻訳ですので、言語学的な素養が必要です。言葉への興味も大切です。また聖書を翻訳するばかりではなく、教育の機会を提供していきます。聖書が読めるようになるためです。また訳された聖書が用いられるように諸教会と協力して宣教します。この三つの要素は、七十二歳の現在まで関心がある分野です。今でも韓国語や中国語に少しずつ挑戦しています。人を育てることに重荷があります。また福音を伝えることに関わっています。

「ジャングルの文盲と戦う乙女たち」を読んで感動した私は、アメリカにあるウィクリフの本部に手紙を出しました。「もっと知りたいので、資料を送ってほしい」とつたない英語で書きました。送られてくる英文の機関紙を、辞書を引き引き読んでいくことが大きな喜びでした。その頃 hi-mf という hi-b.a. の卒業生がしていた世界宣教のための集いがありました。みな燃えていて、世界宣教に何らかのかたちで関わりたいと願っていました。月に一度、月曜日の夜に hi-b.a. センターに集まっていました。私は、高校生のときは渋谷の月曜日集会でしたので、自然とそのまま残ってこの世界宣教のための集いにも参加するようになりました。大学に入り、続けて参加していました。そのようなときに、参加している人たちがそれぞれの関心によって、グループをつくり、調査をし、祈りの課題を他のグループの人たちに知らせる活動が始まりました。私は、聖書翻訳宣教に関心がありましたので、そのグループをつくり、アメリカのウィクリフから送られてくる機関紙の中の記事を翻訳して知らせることにしました。それが第一号の「聖書翻訳」で、一九六五年の十月のことです。その頃は謄写印刷（ガリ版刷り）が盛んでしたので、同じ大学の聖書研究会の加藤愛子さんにガリ切りを頼みました。ですから最初は、hi-mf という別の枠の中でスタートしたことでした。ちなみに加藤愛子さんは、hi-b.a. の渋谷月曜日集会でも一緒でした。その後結婚に導かれ、今まで共に歩んでこられました。

この「聖書翻訳」が鳥羽季義さんのところに届き、翌年二人で会い、日本聖書翻訳協力会を結成しました。そして、鳥羽さんが訓練を受けに米国に行くことを支援することにしました。またそのあと小栗宏子さんにもこの機関紙が届き、お会いして、彼女も聖書翻訳に進むようになりました。石川學さんもこの機関紙を読み、私と連絡がとれました。鳥羽さんがアメリカでの訓練から帰って来て、フィールドに行く頃のことです。一九六七年に、ビリー・グラハム伝道大会の準備責任者として東京にいたダン・パイアットさんに会いました。彼がウィクリフの理事であることを知ったからです。何回も連絡をとり、やっと会えました。十五分の時間で、日本でも聖書翻訳に関心をもっている若者がいることをお伝えしました。ダン・パイアットさんは、米国に戻って、国際総会で日本のことを報告したそうです。そこにいてその話を聞いた人の中に、ジョン・マッキントッシュさんがいました。彼は、「何百人の人がいてその話を聞いたが、チャレンジを受けたのは、私だ」と言っていました。

ジョンさんは、子どものときにロサンゼルスの郊外で育ち、その近所には多くの日系人がいたそうです。日系人の子どもたちと遊び、気が付いたのは、イエス様のことを知っている人がいないということでした。次第にジョンさんは、宣教師として日本に行きたいと祈るようになりました。しかし第二次世界大戦になり、やむなく同じ教会のアンクル・キャムが始めていたメキシコでの聖書翻訳の働きに加わりました。しかし日本のことはずっと祈っていたそうです。ジョンさんは、責任者と話をし、日本に派遣してくれるように申し出ました。それが許可されて一九六八年に来日し、半年ほど滞在して、私と一緒に日本の牧師や若者に会い、聖書翻訳の働きを紹介しました。その結果、一九六八年にウィクリフ聖書翻訳協会日本連絡委員会が結成されました。私は書記として奉仕しました。鳥羽さんと私などでつくっていた日本聖書翻訳協力会は解散しました。これで鳥羽さん一家がフィールドへ派遣されていく道筋が整ってきました。主は、人の心に願いを与え、関心に導き、志を与えて、主の時に事を進めてくださいます。日本ウィクリフを考えても、主が一人一人を用いてくださったことを感謝しています。

マッキントッシュさんは、日本の文化への適応もすばらしく、私にとっては宣教師の鏡のような方です。

以上に記したような出来事の進展と同時に私自身も、心が整えられていきました。高校生のときからエペソ人への手紙は、私の好きな聖書でした。エペソ人への手紙1章10節「天にあるものも地にあるものも、一切のものが、キリストにあって、一つに集められ」は、私の生涯の聖句です。分断・断絶・悲惨に色どられている人類が、一つになる新天新地です。天と地も合一し、神とともにある新しい完成秩序です。またテモテへの手紙第二2章9節「神のことばはつながれていません」も、聖書翻訳宣教へ進むのに確信を与えてくれた聖句です。

大学は将来の聖書翻訳宣教を視野に入れて、東京学芸大学の英語科に進学しました。宣教師として必要な英語、言語学、それと教育学を学びました。大学卒業後は、hi-b.a.のスタッフとして奉仕しました。その三年目に加藤愛子さんと結婚し、新婚旅行にはパプアニューギニアに行きました。そこでの聖書翻訳宣教を二人で祈っていたからです。主にお従いする人生を歩むという点で、同じ心で進んでこられたことを感謝しています。主にある戦友・親友、また夫婦として歩んでこられたことは主の大きな恵みでした。Hi-b.a.スタッフとしての奉仕の後に、聖書神学舎（聖書宣教会）で学びました。その間一年間、アメリカで言語学の学びとメキシコでのジャングル・キャンプの訓練を受けました。

御心を確信して前に進みましたが、折々に与えられる励ましによって歩みを確かにされてきました。経済的な面でも、必要を訴えないウィクリフの原則に従い、主に信頼して歩んできました。初めのうちは、すでに宣教師として出て行っている人たちが自分たちに与えられている献金の中から献金をしてくれました。毎月事務所から送金されてくる額が異なります。しかし主がいつも、豊かに与えてくださるお方であることを体験してきました。今まで長い間、必要が満たされ続けてきたことを感謝しています。

私たち夫婦は、「楽観的に主の御摂理に信頼する」（ドン・ボスコの言葉）を身に付けるように歩んできたように思います。「主から派遣されるので、主に信頼する。人々を愛して、人々に仕える。」このような歩みが深められてきたことを感じています。私たちの人生のそれぞれの段階で、人生が豊かにされてきていると感じています。フィリピンに行く頃には、二人の娘が与えられていました。家族として歩んでこられたことも感謝でした。主が私にくださった贈り物の最大のものは救い・罪の赦しですが、その次はすばらしい生涯のパートナーまた家族です。

バーリグはルソン島北部、標高 1000 メートルの山間部にある

フィリピンでの奉仕期間の後半に住んだバーリグ地区で、二〇〇四年にバーリグ語で新約聖書が出版され、今バーリグ聖書協会が旧約聖書を翻訳しています（二〇一九年出版予定です）。また前半に住んだカダクラン地区では、カダクラン語での新約聖書の計画があります。十の教会が開拓され、人々の霊的な飢え渇きが大きいです。主が霊的な必要とともに、人々のトータルな必要に応えてきてくださったことを感謝しています。包括的な主の御業に関わることができました。私の求道の歩みの中で、どのように生きるかが大きな課題でしたので、そのことも実際的で包括的な歩みにつながったように思います。また求道の動機は、自分の中にある他者のために生きようとして自分のために生きてし

自分の母語であるバーリグ語の聖書を傍らに置いて読みながら道端で野菜を売る女性

まうという点に、どのように純粋になれるかでした。このことも「修道」ということを真剣に求めながら奉仕することへつながりました。フィリピンの山奥の東ボントク地域（バーリグ地区やカダクラン地区）で主がなしてくださった御業から多くのことを教えられています。

私にとって、フィリピンは特別な愛情の対象となりました。日本に戻ってからは、日本に置かれているフィリピン人教会との深い交わりが与えられています。また任地のカダクランでは、民族の一員として現地の名前をもらいました。私のお墓も購入してくれています。私が亡くなったら、分骨をして納められる予定です。任地の人々を愛し、人々に愛される恵みをくださった主に感謝しています。フィリピンの教会が、どのように与えられている使命を受け止めているかを知るにつけ、多くの良い点が日本の教会にも紹介されるように願っています。

私たちが働きをスタートした頃は、日本ウィクリフが最初の非欧米の働き人の団体でした。五十年の間に、大きな変化が起きました。アジア・アフリカ・中南米・大洋州からの宣教師が飛躍的に増えました。私が日本ウィクリフの総主事として奉仕した一九九〇年代には、アジア・大洋州地区の兄弟姉妹とともに奉仕できたことは特別の喜びでした。これらの欧米、非欧米の働き人は、宣教師としての働き人ですが、現在はそれぞれの少数民族語の働き人も聖書翻訳に従事するようになっています。日本ウィクリフがスタートして、世界的な働きに参加し、貢献してこられたことは、摂理的な導きでした。日本ウィクリフでの奉仕の後、アジア大洋州地区総主事として働きました。多民族・多国籍・多教派の働き人が、主の働きに参加するときに、どのようにチームとして働くのか、また働き人がどのように成熟を目指して歩むのかが私の関心になり、この面で深めることができました。また以前は被宣教地だった国の教会が用いられて、世界の隅々まで福音が届けられ、地域と国の変革につながっていることも驚くべきことで、主を崇めています。

目次

第一章　フィリピンの山奥で何が起きているのか

私たち家族は一九七六年十二月十七日、フィリピンに着任しました。長い間の祈りと準備、訓練が実り、マニラに到着し、ＳＩＬインターナショナルのフィリピン支部（ウィクリフの姉妹団体）のマニラ事務所内にあるゲスト・ハウスに泊まりました。私たち夫婦は三十歳、上の友子は四歳五か月、下の恵子は一歳九か月でした。十二月でしたが、暑さはこたえました。翌日は外国人登録をしました。十本の指の指紋も採取され、外国人登録証を交付されました。この外国人登録証は携帯義務がありましたので、「外国人」になった感を深くしました。十九日に国内線の飛行機で、南の島であるミンダナオ島の研修センターで開催されているフィリピン支部総会に向かいました。

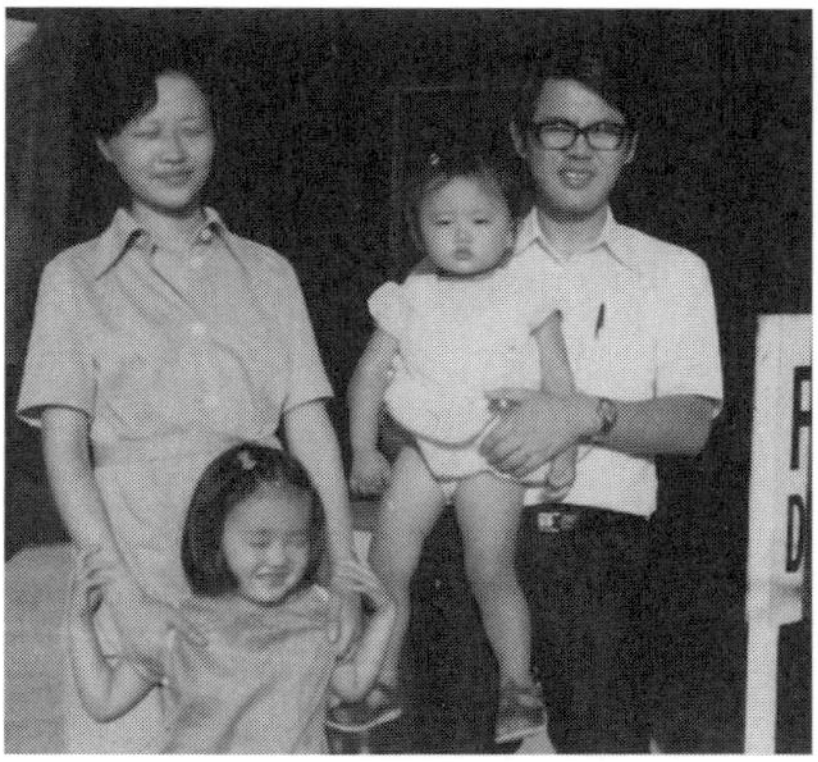

フィリピンへは家族で派遣された

二百人ほどの宣教師が集まって、二年に一度の総会をしていました。十日ほどの総会を終えてマニラに戻り、マニラ事務所内のアパートに半年の住居を与えられました。

一九七七年になり、責任者との面接がありました。今でも次のアドバイスを覚えています。「子どもがハッピーであれば、母親がハッピーです。家族全員がハッピーであるように、心がけましょう。」私たち親が、ここにいるのは主の御心の中心にあること、という確信を静かにもっていることが大切と考えました。この確信が、私たちの日々の歩みの中に滲み出るように祈りました。暑さや異文化の摩擦などに心を奪われてはならないと思いました。宣教師としての働きより、夫婦の時間、家族の時間を大切にし、優先してこられたことも感謝でした。

マニラでの、タガログ語研修が始まりました。これはフィリピン支部では全員に課せられているもので、半年間の学びでした。タガログ語をもとにして、国語であるピリピノ語が定められているからです。同じ頃に着任した八人が一緒に学ぶことになりました。アメリカからの夫妻、アメリカの独身男性、ニュージーランドの独身女性、オーストラリアの夫妻、それと私たちでした。彼らは、全員が聖書翻訳者か識字教育者でしたので、その後の様々な研修会では、よく一緒になりました。長い間の友となりました。

私は午前の学びに行き、帰って来てお昼を食べると、愛子が入れ替わりに午後のクラスに行きました。子どもたちには、どちらかの親がそばにいるようにしました。子どもたちにとっては英語に慣れる期間です。ルソン島の北部にあるバガバグ研修センターには小学校があり、英語による教育でした。二人は、いずれ英語で教育を受けることになります。ジェニー・ボスというアメリカの宣教師が、ボランティアとして申し出てくださり、二人の子どもと毎日一時間ほど遊んでくれました。絵本を読んでくれたりしました。主は必要な助け手を与えてくださいました。

主日は、マニラ日本語礼拝に出席しました。また説教奉仕も時々させていただきました。ここで一緒に礼拝した兄弟姉妹は、私たちがフィリピンにいる間、奥地からマニラに年一回出て来ると、「おかえりなさい」と迎えてくださり、家に招いて日本食をごちそうしてくれました。

またこのときは、暑さとの戦いでした。エアコンはありませんでした。一日にシャワーを四回しました。朝起きると、シャツがびっしょりですので、シャワーを浴びます。語学学校に行って、帰って来るとまたまたびっしょりです。お昼にシャワーを浴びます。夕方になるとまた、シャワーを浴びます。夜寝る前には、長く水を浴びて身体を冷やし、冷えている間に寝るようにしました。

語学研修が終わる頃、任地についての相談を責任者としました。一九七七年度の新規プロジェクトは、三つの言語地域であり、そのすべてがルソン島北部にあるプロジェクトでした。私たちは、そのどれかのプロジェクトで働くことに決定しました。それでルソン島北部の地域の共通語であるイロカノ語を二週間だけ学びました。

九月にルソン島北部にあるバガバグ研修センターに到着しました。これはルソン島北部にある三十ほどの聖書翻訳プロジェクトのための前進基地で、研修や子どもたちの教育のために建設されていました。日本から送った引越荷物も到着していました。そこでは、空いている仲間の宣教師の家を借りて住みましたが、家の持ち主の宣教師がプロジェクト地域から戻ると、違う家に移りました。しかし子どもたちにとって、同じ家に帰って来るという安心感が大切と思いましたので、センターに家を建てる決心をしました。その家は隣がゲスト・ハウスだったのですが、後に子どもの寮になりました。私たち夫婦で聖書翻訳プロジェクト地域に入るときには子どもを連れて村に入っていましたが、子どもたちが高学年になると親が教えるのは難しくなりました。それでわが家の子どもたちは、子どもの寮に入り、センターにとどまることになりました。自分の家が与えられましたので、後にピアノを手に入れ、センターにいるとき、子どもたちはピアノの練習を続けることができました。

割り当ての地は東ボントクのカダクラン地区に決まった

話は戻りますが、九月に入り、どのプロジェクトで働くかを決めるために、可能性のある三つの候補プロジェクトの一つである東ボントク語聖書翻訳プロジェクト地域のバーリグ地区を訪問し、オールソン夫妻と一週間過ごしました。彼らは、このバーリグ地区に住んでいました。バガバグ研修センターから、道路がバーリグ地区まで開通していましたので、車で行きました。毎日、たくさん話し合いをしました。今までの主の恵み、家族のこと、母教会のこと、宣教への思い、異文化宣教への考え方など、多くのことを話しました。国籍は違いますが、多くの点で一致できることを確認しました。他の二つの候補プロジェクトを訪問しないままで、このプロジェクトに加わることを御心と受け止めました。またプロジェクト地域の中のいくつかの集落を訪問しました。東ボントク語聖書翻訳プロジェクト地域の中で、バーリグ地区よりも人口が多いカダクラン地区には、福音的な証しが少ないので、私たちはそこに住むことに決め、一つのプロジェクトの中でダブルチームで奉仕をすることになりました。「割り当ての地は定まりました。私の好む所に。実にすばらしい　私へのゆずりの地です」(詩篇16・6)。そのときは、右も左もわかりませんでしたが、後になればこのみことばのように、主が本当にすばらしいプロジェクト地域に導いてくださったことがわかりました。

一九七七年十月、オールソンさんと私は予備調査をするためにカダクラン地区に向かいました。隣村のバランガオ地区へ、ＳＩＬフィリピン支部のセスナ機で入りました。バランガオ地区は、カダクラン地区をはさんでバーリグ地区とは反対側にあります。バランガオ地区、カダクラン地区には道路がありませんでした。そこにはアメリカからとオーストラリアからの宣教師が二人で働いていました。彼らは、そこにある教会の長老二人を案内役として同行させてくれました。カダクラン地区まで七時間ほどの山道でした。そこでは、チュパック集落にある小学校の校長のアルバート・ラヨン先生の家に宿泊しました。入った日は十月七日の金曜日でした。翌日は土曜日で、チュパック集落から南に一時間のところにあるカリウ集落で結婚式がありました。そこにラヨン先生に引率され、オールソンさんと私は行きました。四百人ほどの村人がお祝いのために集まっていました。私たちも座って御馳走になりました。次から次へと、村人が私たちのところに質問をもってやってきました。私は言葉がわかりません。しかしオールソンさんは言葉がわかるので、受け答えをしていました。何回も同じ質問に丁寧に答えていました。

村の結婚式。冠婚葬祭には村人が集まり協力する

「アメリカ人と日本人は敵同士ではないか？　なんで一緒にいるのか？」「福田は、何をしに村に来るのか？　なぜ住みたいのか？」などの質問でした。オールソンさんは、「福田たちは、カダクランの言葉を学び、識字教育を推進する。自分たちはＳＩＬフィリピン支部に属しており、フィリピン政府の文部省と契約を結んでいるので、カダクラン地区の公立学校と協力して働きたい。同時に、聖書翻訳をしたい」と説明しました。

村では何かにつけて食事をともにする

翌日の主日には、宿泊しているチュパック集落から北の方向にあるルナス集落で葬儀がありました。ラヨン先生に引率され、そこに出向き、またまた何時間も座りました。前日と同じように、たくさんの人が質問しに来ました。オールソンさんは、丁寧に何回も答えていました。この日の午後、チュパック集落に戻り、小学校の教室でカダクラン地区としての対応を相談する会が開催されました。カダクラン地区の少数民族としての長老たち、行政の責任者たち、学校の教師たちなど百人ほどが集まりました。「カダクラン地区として福田一家の移住を認めるかどうか」が議題でした。「また戦争をしかける下調べのために住むのではないか?」「戦争中に日本軍に殺された人々がいる中で、日本人を住まわせていいのか?」「良からぬことを考えて復讐をする人が出たら、困るのではないか?」などの質問が出たとのことでした。数時間にわたる会議の後に、私たちを住まわせる許可が決められました。ただし、教会をスタートしてはならない、という条件が付けられました。これは後に祝福となりました。

ラヨン先生と相談し、彼の親戚の人の空き家になっている家を借りることに決めました。また、家の庭に穴を掘って、まわりに囲いをする簡易トイレを造っておいてくれるように頼みました。また十月十四日にカダクラン地区とバーリグ地区の途中にあるカバワ橋まで、村の人二十人を荷物運びのために送ってもらうように頼みました。

翌日の月曜日に、今度は、バランガオ地区とは反対方向のバーリグ地区に、歩いて十時間かけて出ました。そこから、車で一日の道のりのバガバグ研修センターに戻りました。バガバグ研修センターから一時間ほどのところにソラノという町があります。村での生活に必要な物のリストをカダクラン地区滞在中にメモしておきましたので、そこで村で必要な物品の買い物をしました。

十月十四日に家族でカダクラン地区に入りました。オールソンさんが車を運転してくれました。バガバグとバーリグ地区の中間にバナウエという観光地があります。これからしばらくはちゃんとした食事はできないからと、オールソンさんがレストランで食事を御馳走してくれました。バーリグ地区のオールソンさんの家で一泊し、翌朝カバワ橋まで車で送ってくれました。頼んでおいた二十人の荷物を運ぶ人々は到着していませんでしたが、荷物はオールソンさんにまかせて、私たち四人は歩き始めました。車の道路はカバワ橋までしかないので、あとは山道を歩きます。たくさん蛭がいました。上の友子は歩き、下の恵子は私がおぶって行きました。途中で荷物を運ぶために出て来たカダクランの人々に出会いました。数時間歩くと友子と愛子は、「カダクランはまだ？」を連発するようになりました。「もう少しだよ」と答えると、「さっきも、もう少しって言ったよ」と返事が返ってきました。私もどのくらい歩けば到着できるかわかりませんでした。特に友子と愛子は歩くのが大変でしたし、私も恵子を負ぶっています。前回より時間がかかっていると思っても、どのくらいで到着するかは定かでなかったのです。あと二時間ぐらいかなというところで、「もう歩けない」と五歳の友子は座りこんでしまいました。持っていたサンドイッチを食べて、休憩をしました。

するとと突如として、二人のおばさんが現れました。あとで考えると、山道の上に畑があり、そこで一日野良仕事をして、夕暮れが近いので家に帰るところだったと思います。主が送ってくれた天使でした。残りのサンドイッチをおばさんたちにも食べてもらいました。私たちは、二人がだれであるかはわかりませんが、カダクランの人であることはわかりました。おばさんたちは、福田の家族がその日にカダクランにやって来るということをわかっていたと思います。二人のおばさんは、友子と恵子をそれぞれに抱いて、先頭に立って歩き始めました。愛子と私はあとをついて行きました。本当に主に感謝しました。カダクラン地区の入口まで来ると、村に入って行く小道を教えてくれ、自分たちは別の集落であることを手振りで示し、友子と恵子を私たちに戻し、消えていきました。あとで考えると、最初に私とオールソンさんが行ったカリウ集落のおばさんたちでした。

カダクラン村で住んだ家

私たちが借りることにしていた家に到着し、しばらく休んでいると、荷物を運んでくれた人々も到着しました。ラヨン校長の奥さんが、荷物の重さを計り、運び賃の計算をしてくれました。私は、彼らにお礼を言い、支払いをすませました。またラヨン校長の奥さんは、お米を置いていってくれました。するともう、あたりは暗くなっていました。荷物を家の中に入れて、ラヨン校長の家から夕食に呼びに来るのを待っていました。というのも、それまでの経験から、このような場合は、食事をふるまうのがカダクラン地区の習慣とわかっていたからです。ところがいくら待っても迎えが来ません。やむをえず懐中電灯を出し、荷物の中からクラッカーとピーナツバターを出して、それで夕食にしました。家の中は真っ暗で、水道はありません。薪で料理をするのですが、そんな元気はもうありませんでした。あとは寝袋を出して寝てしまいました。愛子はくたくたに疲れていましたが、板の間に寝袋ですから背中が痛く、大変なところに来たという思いと、夕食に招かれなかったのは歓迎されていないのではという思いで、なかなか寝付けなかったそうです。「あなたがたがわたしを選んだのではなく、わたしがあなたがたを選び、あなたがたを任命しました」（ヨハネ15・16a）というみことばを思い出し、主に委ねて、愛子はようやく眠りにつきました。

次の日からは、生活するだけで一日が過ぎる日々が続きました。夜が明けて、明るいのがとてもありがたかったです。薪で火をおこし、御飯を炊きました。これもひと仕事です。お米をとぐにも水がないので、坂道を上がり、しばらく歩いて学校の水道まで行って、お米をとぎました。火もなかなか強くなりませんでした。御飯が炊けたら、缶詰を開けておかずにして食べました。ここまででだいぶ時間がたってしまいました。御飯を炊いたお鍋や茶わんなどを持って、さっきの学校にある水道でお皿洗いをしました。洗っている周りには子どもたちがたくさん見学していました。するとまもなく、お昼の用意をする時間になりました。家は学校から階段を下りたところにありますが、その階段のところにも、家の中でお昼の用意をしている私たちを見学する子どもたちがいっぱいでした。

家の外を見てみると、頼んであったトイレもまだできていませんでした。これはラヨン校長に伝えて、完成してもらうことにしました。結局できたのは二週間後でした。その間トイレは学校で、地面に穴が掘ってあり、周りが囲ってあるところを使わせてもらいました。水がありませんから、シャワーもできません。かなり下まで降りて、川へ行って水浴びをしました。洗濯には水がたくさん必要なので、ラヨン校長の奥さんが五年生の女生徒二人に頼んでくれました。本当に助かりました。彼らの家族や親戚とは、後々まで良い関係が続きました。

私たちがカダクラン地区に入ったときは、雨期でした。地面がぬかっています。豚が放し飼いですので、豚の糞があちこちにあります。それに雨が降り、地面はぐちゃぐちゃです。私たちは、運動靴とビーチサンダルだけしか持って入りませんでした。長靴がないのがこたえました。カダクラン地区には、いくつかのお店がありましたが、売っているのは、マッチ・石鹸・塩・砂糖・灯油だけでした。私たちの荷物と同じように、かついで持って来るわけですから、

セスナ機が利用できる滑走路を２週間かけて造った

本当に必要なものしか売っていませんでした。長靴も売っていません。

最初に私がしたことは、村の人たちに協力をお願いし、滑走路の建設をすることでした。緊急のときのために、団体のセスナ機が利用できる滑走路です。カダクラン地区には四つの集落がありますが、二百メートルの滑走路を、五十メートルずつ担当してもらいました。木を切り倒し、根っこを抜き、表面を平らに整地する作業です。二週間ほどかかりました。私は毎日、現場に行きました。この二週間は、言葉を聞く良い機会になりました。言葉をまったく知らない段階、すなわち単語を一つも知らない段階は、話し方のイントネーション、文章ごとのイントネーションなどをよく聞いて、それを真似することが大切ですが、私はそれを二週間することができました。

パイロットの話では、三日間晴天が続いた後、テスト飛行をするということでした。雨期の初めでしたので、晴れが続いて喜んでいると三日目の晩に雨が降ってきました。こんなことが何回も続きました。トタン屋根なので音が大きく、すぐ目が覚め、今回もだめだったとため息をつきました。

また、持って入っていたSSB（シングル・サイド・バンド）という無線機を使えるようにしました。隣の人に頼んで、大きな孟宗竹を二本切ってもらいポールにしました。それにアンテナを取り付けました。この無線機は三十六個の単一乾電池を使っています。マニラ事務所やバガバグ研修センターと交信できます。毎朝、点呼があります。奥地に入っているチームがアルファベット順に呼ばれます。全部のチームが無事であることを確認すると、センターからチームへ、チームからセンターへのメッセージをやりとりします。これが外界との命綱でした。点呼に二日答えないと、何か異変が起きているということで、センターから捜索のチームがやって来ることになっていました。

村で最初にすることは、言葉の学びを集中してすることでした。学びは生きていくことと密着しています。手もとにお米と少しの缶詰はありますが、野菜は買わなくてはなりません。雨期で野菜が少なかったのですが、それでも何種類かの野菜はありました。村の人々は、自分の家の分だけでなく、学校の先生の分も畑から持って帰り、先生方に売っていることがわかってきました。それでラヨン校長の奥さんに、村人が野菜を売りに来てくれるように、英語で頼みました。そして村の人が売りに来たら、どのようにカダクラン語で値段を聞き、まけてもらう交渉をし、野菜を買うかを練習しました。外国人ということで高い値段を言ってくる可能性があるからでした。村の人々は、日本人だから英語がわからないと思い、また自分たちは日本語がわからないし、福田たちはカダクラン語がわからないからと考えて、最初のうちはだいぶ売りに来るのをためらっていました。しかし一人、二人と勇気のある人が売りに来て、カダクラン語で売ることができると、そのうわさが広がって、次々に売る人が来てくれました。

次の言葉の修得のテーマは、薬でした。野菜を売りに来る人が、自分の手や足を見せます。切り傷で化膿している人もいました。抗生物質の軟膏をつけて、翌日も来るように言うと、やって来ました。多くの人は、みるみる傷が良くなっていきました。ある人は子どもを連れて来て、子どものお腹が膨らんでいるのをみせ、虫下しがないかと聞いてきました。私たちは持ち合わせがありませんでしたが、次にバガバグ研修センターに出たら、たくさん虫下しの薬を買うことにしました。薬を定価で売ることが、私たちのカダクラン地区での初期の役割の一つとなりました。

もう一つの役割は、写真を撮ることでした。村には、私たち以外にカメラを持っている人はいませんでした。葬式、結婚式、学校の種々のイベントには、呼びに来る人がいて、写真を撮ってくれるように頼まれました。このような村の人々から見て役に立つ役割を果たすことは、共同体の一員として生きていくには大切なことです。そうでないと、村の人々にとっては、私たちが何のために滞在しているのか理解できずにいるので、村のために役立たない存在となってしまいます。

小学校の教室は言葉を覚えるのに格好の場所だった

言葉の学びに戻りますが、私は小学校に行って、生徒たちや先生たちが話しているのを聞きました。そして簡単なことを話すようにしました。言語の習得には、いろいろな方法があります。しかし何よりも、たくさんその言語を耳にすることが第一のことです。また、会話のテーマごとに学んでいくことも大切です。先に述べた、野菜の買い物、薬の販売がそれにあたり

子どもたちは遊びながら言葉をすぐに覚えた

ます。学校では、子どもたちに家族関係を聞きました。お父さんの名前、お母さんの名前、兄弟は何人か、兄弟はこの学校に来ているか、どこに住んでいるか、などの質問です。どのテーマでもそうですが、同じことをできるだけたくさんの人と繰り返すことで、そのテーマではすらすらと会話ができるようになります。福田たちはカダクラン語を話せるという評判が広がることが大事です。そうすると、恥ずかしがって近寄ってこなかった人々が、カダクラン語で話しかけてくるようになるからです。私たち夫婦は、このように努力してカダクラン語を学んだのですが、友子と恵子は友だちと遊ぶ中で自然と聞いたり、話したりすることができるようになりました。村の人々は、親はだめだけど、子どもは完全にカダクラン語を話すと言っていました。

滑走路は、十一月に入ってほどなく完成しましたが、なかなか三日間の晴天が続きません。その前に、愛子が妊娠していることには気がついており、注意していましたが、十二月五日になり、出血が始まってしまいました。カダクラン地区は無医村です。しかしそのときだけ、医者がいたのです。これが主のなさることであることは明白でした。フィリピン政府は、僻地の医療のために医者を巡回させるプログラムを進めていました。しかし私たちの奉仕地のような奥地には、それまでも、その後にも、医者が来たことはありませんでした。

私はラヨン先生に、愛子が出血していると伝えると、「昨晩、ちょうど医者が到着したところだ。連絡して診てもらいましょう」と手配をしてくれました。お医者さんは診察して、これは流産で、早くここを出て病院で処置してもらわないと、ということでした。完成している滑走路は、まだ使えませんでした。

それからが大変です。隣のバーリグ地区にいるオールソンさんに、無線で知らせました。それもかすかに聞こえるほどのもので、交信も大変でした。オールソンさんは、フィリピン支部のマニラ事務所に連絡してくれました。マニラ事務所は、フィリピン政府の空軍に連絡してくれました。大型ヘリコプターが派遣されることになりました。到着まで五時間ほどありました。さてどこに着陸するかを、ラヨン校長やチュパック集落のバンサエル集落長たちが相談

ヘリコプターは緊急時の命綱

し、小学校のバスケットコートに決めました。片側のバスケットのスタンドをのこぎりで切り倒してくれました。また担架を作る人もいました。ヘリコプターが到着すると、村人たちは愛子を担架にのせ、懸命に担いでくれました。私たち家族とたまたま来ていた医者が乗り込み、バガバグ研修センターに向かいました。

センターでは、そのときセンターにいる宣教師たち全員が格納庫に集まっていてくれました。看護士の資格をもった二人の宣教師が、病院まで行って一緒に泊まってくれました。流産を止めることはできませんでしたが、あとの処置をしてもらいました。私は、子どもたち二人を連れてセンターに戻りました。

愛子の回復を待って、二か月後に私たちは、村に戻りました。私とパイロットが、まずバランガオ地区の滑走路に行きました。セスナ機はそこにロープで固定して、置いていきました。十月に入ったときと同じように、カダクラン地区まで歩いて入りました。カダクラン地区では、滑走路の土地の所有者たちと一緒に、完成した滑走路をパイロットと見に行きました。彼は、「これは合格」と言いました。その晩は泊まって、翌日パイロットはバランガオ地区まで歩いて戻りました。そしてセスナ機で、最初の着陸をカダクラン滑走路に試みました。何回か、離着陸をしました。翌日、愛子と二人の子どもが飛行機で村に戻って来ました。

村の人々は、辺鄙なところで流産をしたのだから、これでもう戻って来ないと思っていたようで、びっくりしていました。村人との一体感を感じました。またセンターに出ているときに、カダクラン地区で何が必要かがだいぶわかっていましたので、長靴や食べ物、生活に必要なものを買っておきました。何よりも、簡易水道のためのパイプを買いました。プロパンガスのボンベや二口のコンロも買ってありました。飛行機で、これらのものを運んでもらいました。

食事を作るのも、お湯を沸かすのも、ガスコンロでできるようになりました。また村の人に頼んで、学校の簡易水道のところからパイプを引いてきて、家の中に蛇口ができました。これで料理、

皿洗いは雨水でしていた

お皿洗いなども格段に楽になりました。

イエス様は、弟子たちを派遣するときに一つの原則を教えられました。平和の人、善意の人の家に留まるという原則です。マタイの福音書10章1～15節にあります。私たちは、カダクラン地区に受け入れられましたので、そこに留まりました。またラヨン校長という、村全体から尊敬されている人とつながりができました。ラヨン校長は、私たちを親のように受け止めてくれました。

困難な中で人々と共に生きることができたことも恵みでした。道路がなく、診療所がなく、電気・ガスがないところでの生活は大変です。カダクラン地区に電気が来て、道路が開通したのは、私たちがバーリグ地区に移住した後でした。

私たちは、何もわからない状態でカダクラン地区に移住しました。知っている人もいませんでした。言葉もわかりませんでした。風習や習慣もわかりませんでした。そのような私たちを、カダクラン地区に被害をもたらした日本軍と同じ日本人であるのに受け入れてくれた人々に心から感謝しています。失敗もたくさんあったでしょうし、失礼なこと、傷つけたこともたくさんありました。それでも受け止めてくださり、私たちと共に生きることを選んでくれた人々に感謝しています。

私たちの宣教師としての生涯の土台が、カダクラン地区で築かれたと思っています。主は、本当に良い所に導いてくださいました。また常に伴っていてくださいました。

私たち夫婦は、必要な訓練を受け、聖書を翻訳したい、福音を伝えたい、という思いでフィリピンに派遣されて行きました。今でもその願いが中心にあります。派遣されたカダクラン地区は、カトリック教会と他の教派の教会があり、それに加えてバプテスト教会が開拓をする計画がありました。それで民族の長老、学校の教師たち、行政の人々などのリーダーが集まって相談し、私たちが村に住む許可を出すかどうか話し合いました。住むことは許すが、その条件として、教会開拓をしないという一項を課しました。宗教的な混乱をリーダーたちが嫌ったためです。地区では、様々な事柄——田植え、稲刈り、取り入れた稲の村への搬送、病人の搬送、死体の搬送、森から材木の搬送などなど——で協力が欠かせません。ですから、いろいろな教派の教会が村にあることは分裂をまねき、マイナスとなるとリーダーたちには映っていたのです。この条件は、あとで恵みであることがわかりました。そのおかげで地区の人々全体と、自由に関わることができました。私たちが去ったあとで、多くのフィリピンの教団・教派が開拓を進め、現在では十ほどの教会があります。二千人の人口ですが、八百人ほどの人が礼拝に出席しています。最初私たちが派遣された頃は、カトリック教会に百人ほどの人が出席していました。私たちは教会をスタートさせませんでしたが、多くの人と自由に関わり、聖書を学んだり、福音について証ししたりして、多くの種を蒔くことができました。

主は、もっともっと大きな新天新地へ向かうお働きの一部として、私たち家族を用いてくださいました。最初の任地、カダクラン地区では救われる人が増えるばかりでなく、少数民族としての尊厳が回復しました。というのは、それまで自分たちの言語を、自分たちの民族以外で、学んで話すようになった人はいませんでした。アメリカ統治下の植民地政府が初等教育のために校舎を建て、教師を派遣してきました。教師たちは低地の人々で、カダクラン語は学ばず、山岳州の共通語であり、彼らの母語である低地の言語でカダクランの人々に話しかけました。また村役場が設置され、役人が赴任して来ましたが、同じことでした。カダクランの言葉を学んだ外の人は、あとにも先にも私たちだけです。「彼らの言葉は鳥が話すようだ」と蔑まれ、ちゃんとした言語であるはずがないと思われていました。彼らの言語の文法書が出版され、辞書が作られ、アルファベットが制定され、聖書や物語が出版されたことが、少数民族としての尊厳の回復につながりました。

また母語による教育を推進しました。それまでは小学校一年生から、英語による教育がスタートしていました。主として暗記による教育ですので、小学校三年生ぐらいから授業についていけない児童が増えてきます。しかしカダクラン語という母語で読み書きができるということは、読んだことを理解できるとわかり、落ちこぼれが減りました。小学校を卒業できる人が増えました。乳幼児の死亡率の削減や妊産婦の健康のためのテキストをカダクラン語で作り、識字教育に使い、行政に協力しました。

旧日本軍の武器が戦利品として保管されていた。村には戦争の傷跡が残っている

カダクラン民族と日本との和解も進みました。まだまだ第二次世界大戦の後遺症も色濃く残っていて、日本軍に殺された人々の親戚もいました。隣村は、日本軍に村全体が焼き払われましたが、その村からカダクラン地区の人と結婚して住んでいる人々もいました。日本軍に命令されて隣村まで食糧、武器弾薬を運び、軍票で支払いを受けて、その軍票をたくさん大事に持っている人々もいます。山岳地帯では、民族と民族は平和条約がないと、通行の自由、結婚などの関係を結べません。日本とカダクラン民族との平和条約はまだない状態であったのです。一九九四年三月

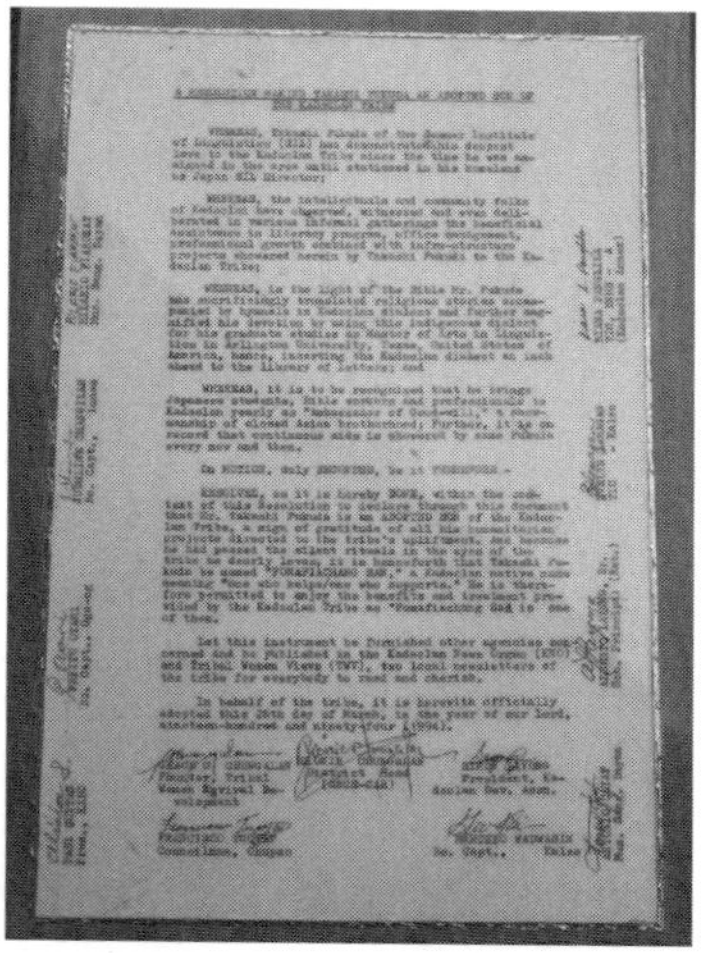

カダクラン村の一員として迎え入れることを証明する契約文書

二十六日に、カダクラン地区の人々が、私を地区の一員として迎え入れることを決め、そのための会を開いてくれました。「フマフィアチャンサン（「いつも助ける人」の意）」という現地の伝統的な名前を与えてくれ、一員として迎え入れる祈りをささげてくれました。これは日本とカダクラン民族との平和条約にあたると言われました。

またカダクラン地区の人々の実際的な生活が向上しました。私たちが赴任した一九七七年の頃は、小学校の朝礼のときに後ろから見てみると、生徒の半分がはだしでした。残りの半分はビーチサンダルです。着ている物も、穴が開いている物も多く、おそらく一着しかないのでしょう、黄ばんでいて汗と煤《すす》の匂いが強烈でした。一着というのは、朝晩着替えないで一週間ずっと同じものを着ているということです。私たちは村のリーダーと相談し、カダクラン開発協会を設立しました。フィリピン政府に登録されたNGOです。この団体に日本から古着を送ると、無税の特権があり、日本の教会から多くの古着を送っていただきました。古着は、バーリグ地区からカダクラン地区に車で運ぶ運賃プラスアルファを負担してもらいました。ただで手にするのは良くないからです。そのたまったお金は、奨学金、小学校の図書館などの整備に使われました。これらすべてはカダクラン開発協会が実施しました。今でもこの活動は続いています。

また日本のクリスチャンの一姉妹の支援により、小学校しかなかったカダクラン地区に中等学校の校舎を建設し、国立の中等学校がスタートしました。この建設を仕切ったのもカダクラン開発協会です。東に一日歩いたところに中等学校があり、また西に一日歩いたところに別の中等学校がありましたが、カダクラン地区には小学校のみでした。小学校を卒業して、村から遠いところで部屋を借りて、自炊生活をしながらの中等学校生活は大変ですし、お金もかかります。それで、中等学校へ進学する人が少ない状況でした。フィリピンでは、中等学校を卒業しないとほとんど就職の可能性はありません。今年でこの中等学校は二十六年になりますが、千人ほどの卒業生がいます。それぞれにさらに教育を受け、仕事につくことができています。

「宣教とは、父なる神の働きであり、神がまず働いておられる。私たちも神と共に働く者としてくださる。だから、私たちも働くのである。神がすでに働いておられるから、その働きのあとを、私たちが追って行く。神の国建設という希望が与えられている。福音は、魂の面、肉体の面等すべての面を含む。コンプレヘンシブな（福田注＝統合的な）福音を与えられているのだから、全生活の問題を解決し給う神様であるのだから、私たちも、人々の全生活を扱う、福音を宣べ伝えていこう。」（有賀寿、一九六七年、第一回海外宣教訓練会あかし集）

これは、私が大学生のときに参加した宣教師の卵たちのための訓練会での、有賀寿先生のメッセージのまとめです。そのときには、私は語られたことを十分理解していなかったと思います。聞いても、聞こえていなかったのでした。その後、実際的な必要から統合的に取り組み、それにつれて私の宣教理解も深まりました。

ウィクリフで訓練され、三十歳でフィリピンに派遣されました。そこで、一緒に住む人々のトータルな現実に向き合い、取り組んでいきました。私たちのフィリピン共和国への入国査証は、フィリピン政府文部省から出ていました。政府からは、地域の人々の母語教育に協力することが期待されていました。数年前にフィリピン政府は、少数民族の場合には、小学校の低学年では母語で教育をスタートすることを法律に定めました。ウィクリフの協力団体であるＳＩＬインターナショナルのフィリピン支部として、六十年以上にわたって母語での教育を地道に努力してきたことが用いられてきました。

今では、そのような枠組みの中で包括的（統合的）な宣教に関われたことを感謝しています。今振り返ってみると、私の福音の理解が当初極めて浅いものであったことに気がつきます。十字架と復活により、罪が赦されて、義と認められ、神の家族に迎え入れられ、天国に行くことができる喜びがあり、この福音を伝えたいと強く願っていました。カダクラン地区に現実に向き合って生きてきて、そこに生きている人々のトータルな現実に直面しました。神の国において差別はないから、今はただ魂が救われて天国に行けることを感謝し、あとはがまんしなさい、というのが聖書の教えとは思えませんでした。次第に私の中で、パラダイム・シフト（考え方の枠組みの変化）が起きていたと思います。神様は、世界を創造され、しかもとてもすばらしいものとして創造されました。神様が世界を造られたのです。そしてその造られた世界、人々も、自然もすべてを愛しておられま

カダクランには小学校しかなく就職も閉ざされていたが、母語での教育が進むにつれ政府の対応も変わった

す。人間の罪にもかかわらず、世界を救われるのが私たちの神様です。主は回復の業、再創造の業をしておられることがわかってきました。

第一回ローザンヌ世界宣教会議で、狭義の福音宣教に集中していた福音派が社会的な責任と世界の未伝地（ピープル・グループ）への宣教を受け止めました。これは一九七四年のことで、私たちはその二年後の一九七六年にフィリピンに派遣されました。ローザンヌ誓約を読み、考えながらの歩みでした。私たちが奉仕したフィリピンで、一九八九年に第二回のローザンヌ世界宣教会議が開かれ、マニラ宣言が出されました。二〇一〇年には第三回の世界宣教会議が開かれ、ケープタウン決意表明が出されました。しかしこのような宣教会議の宣言文は、現地で地道に歩んでいる働き人たちの積み重ねを土台として、各種・各地域・各レベルにおける様々な宣教会議で話し合いがなされ、その集大成として成立すると思います。私たちも包括的（統合的）な宣教に関わり、人間・グループ・地域への奉仕にも参加できました。当初からは考え方もシフトし、働きの内容も変化しましたが、主に感謝しています。

第二章　カダクランで一緒に働いた人々、わが家の娘たちへの恵み

私たちの働きの初期の頃に、カダクラン地区で関わった三人の方々のことをお知らせしたいと思います。私たちがまだ、十分にカダクランの言葉を話せない頃でした。ジンジャーナさんは、タイピストと賛美歌の翻訳の手伝いとして、ロディータさんは、賛美歌の翻訳の手伝いと、家事全般のお手伝いとして、エルピディアさんは、家事全般のお手伝いとして働いてくれました。それぞれが明確な信仰に導かれるのは、時期的には違いがありました。

ロディータさんが、最初でした。次にジンジャーナさん、最後にエルピディアさんです。最後のエルピディアさんの場合は、四十年ほどかかりました。しかし私たちと一緒に住み、一緒に働いたことが、それぞれの生涯において主に戻って来るために必要な一歩であったことを感謝しています。私たちの小さな一歩が用いられ、このように分かち合えることもうれしいことです。

1　ジンジャーナさんの詩とその生涯

ジンジャーナ・ヤン・シッチャヤオさんの娘ジャイラさんから、「おじさん、これは母が心からの感謝のしるしとして書いた詩です。彼女の人生を祝福するために、あなたの人生が用いられたことを感謝します」というコメントとともに、次の詩が送られてきました。

キリストが私の人生にしてくれたこと

作＝ジンジャーナ・ヤン・シッチャヤオ　訳＝福田崇

私の教育は、何も誇るものがない。
なぜなら、中等学校を出ただけだから。
しかし主なる神は、私の教師として聖霊を与えてくれた。

崇兄さんと、愛子姉さんがカダクランにやって来て、
神のことばを人々に教えてくれた。
彼らは多くの苦難を経験した。
ミニストリーのためにカダクランに来た。
道路がなく、急な上り坂の小道だけ。
雨が降ると、たくさん蛭が小道にいる。
二人の子どもを連れていた。
友子と恵子で、五歳と二歳だった。
チュパックの私の親戚の家に住んだ。
プロパンガスもなく、松の根が明かりだった。
水も、近くに水場がなかった。
カダクラン語も、一つもわからなかった。
大変な苦難だった。
彼らは何にも知らなかった。
しかし主は彼らを祝福しておられた。

出会いと神の祝福を喜ぶジンジャーナさんと家族

なぜなら主なる神が、彼らをカダクランに連れて来られたのだから。
カダクランを、彼らは自分たちの住む場所と決めたのだから。
主なる神が、一歩一歩助けられて、
カダクラン語で神のことばである聖書分冊を作った。
ディオニー兄さん、シメオン兄さん、アベル兄さんたちは、聖書を。
ロディータ姉さんと私が賛美歌を。
簡単ではなかった。
しかし聖霊の助けによって、私たちは忍耐して、続けた。

福田たちが、日本に戻ってずいぶん時間がたった。
福田たちが、いない間が長かった。
しかし彼らが主なる神に祈り続けてくれた。
祈るのをやめないでくれた。
なぜなら今になってやっと、わかってきた。
私は、本当に罪深い人間であった。

私は、給料を得るために、仕事として福田のところで働いた。
カトリックの洗礼を受けていたが、心は神から遠かった。
心に喜びがなかった。
崇兄さん、愛子姉さん、ありがとう。
私のことを忘れないで、続けて祈ってくれて。
だから今、私は神の愛を心に受けている。
考えることも、願うことも正しく導かれている。
自分の人生の意味がわかったときには、心が歓びにあふれた。
今では、主なる神を讃えている。
なぜなら、主なる神は私を救ってくれたから。

私たちのところで、タイピストとして奉仕したジンジャーナさん（当時十七歳、二〇一八年で五十四歳）の家族は今や、子、その連れ合い、孫が二十人ほどになっており、バギオというフィリピン共和国の夏の首都のはずれにある鉱山の跡地に住んでいます。

タイピングは聖書翻訳に欠かせない

生活環境が厳しい所の一区画です。ジンジャーナさんは、カダクラン地区で私たちが住んでいたときに、二軒隣の家の子で、中等学校（当時は小学校の後に四年間）を卒業しましたが、大学に行く資金がないので、働いて資金を貯めることを考えていました。（貧しかったので、自分で働いて資金を得てからというごく当然の考えですが、右の詩では主なる神様のことを考えずに、お金のことを考えて福田のところで働いたと思っていることがわかります。）

ジンジャーナさんは、二〇一四年の三月に牧師に任職され、開拓教会をまかされています。その最初の主日の礼拝の説教原稿を送ってきました。今までは恥ずかしくて言えなかったことも、主の恵みのゆえに乗り越えて語っています。

ジャンジャーナさんのお母さんは、子どもが三人いますが、それぞれに父親が違います。一回も結婚していません。山岳民族ではレイプはありません。合意の上です。「結婚しよう」と言われて、同意して一緒に住み始めて、子どもが与えられると、実はその男の人には他に家族があることがわかって、村に戻って来る人がたくさんいます。ジンジャーナさんのミドルネームはヤンで、中国名です。お父さんは中国人ですが、会ったこともなく、どういう人かもわかっていません。ジンジャーナさんのお母さんは、通常であれば夫の両親から、田んぼや家、山林などをもらい、自分の両親からの田んぼなどと併せ、力を合わせて生活していきます。それが、三人の子どもを育てるのに、その父親側からのものは何もありません。またカダクランでの田んぼや畑の仕事、山に行って薪を取ってきたりする仕事は、多くの部分男がやりますので、お母さんにとって生活は厳しかったのです。近所でしたから、生活の状況もわかります。大変な生活でした。特に私たちの家と彼女たちの家の間は、学校の先生で給料がある家でしたから、その差は顕著なものがありました。このような状況でしたから、いじめられたりしたこともありました。貧しくて、十分に食べる物がなかったときもあったようです。

私たちのところで二年ほど働いてお金を貯め、さあ大学に行こうとして、村に戻って来ました。バガバグ研修センターから村に戻った日は、おばさんが重い病気で、隣村のバーリグまで一日がかりで担がれて行く前の日でした。彼女は貯めたお金を全部、おじさんに渡していました。病院の費用や、隣村まで担いで行ってくれる五十人ほどの村人に、豚を屠っておかずにするにもお金がかかります。結局大学には行かなかったようです。半年ほどの職業訓練学校に行ったそうです。その後、カダクラン出身の人と結婚しましたが、五年ほどたった頃、手紙をくれました。大きな町であるバギオに住んでいることがわかりました。タイピストとして働いていた頃、夕食後の家庭礼拝で読んでいたデボーション誌のことを思い出したので、まだあれば送ってもらえないか、とのことでした。オーストラリア聖書同盟の小学校前の子ども用の十二

人手を頼んだとき豚を屠ってふるまうこともある

冊と、小学生用の十二冊のシリーズでした。さっそく送りましたが、その後、音沙汰がありませんでした。生活が大変なことは、風の便りに聞いていましたので、主の祝福と、信仰の成長を祈っていました。彼女たちが住んでいるのは〝カダクラン村〟と言われていますが、鉱山の廃坑にカダクランの人々が住み着いたところです。水も電気も当初はありませんでした。

二〇一二年に、フェイスブックで彼女の子どもの一人が友だちリクエストをしてきました。そして今の状況がわかってきました。十人の子どもがおり、上の二人は結婚し、孫が三人、みんなで教会に行って礼拝し、家族挙げて主に仕えていると。ジンジャーナさんは訪問伝道に毎日いそしんでいることなどがわかってきました。二〇一三年五月に、ジンジャーナさんとその家族を訪問しました。どのような信仰生活を送っているのか話を聞きたいと強く願ったからです。彼女は教会の特別集会で証しをしました。「福田のところで働いていたときは、仕事として賛美歌の翻訳を手伝っていた。霊的な価値は全然わからなかった。今は、箴言22章6節に『若者をその行く道にふさわしく教育せよ』と言われているので、主を信じ、主を愛し、主に仕える家族になっていることを感謝している」と。二十人ほどの家族で、「わたしとわたしの家は、主に仕えます」を賛美しました。彼女の涙の賛美で、主のすばらしさに感謝しました。また子どもたちが、カダクラン出身とわかる機織物を縫い込んだシャツをプレゼントしてくれました。私は、しばしばそれを着て説教しています。

ジンジャーナさんとご主人は、まじめに懸命に働いてきました。フィリピンでは、貧しい層の人々は、路上でガムや飴玉を売ります。ガムを買い、それをばら売りします。少しマージンを上乗せして売り、わずかの利益を得ます。ジンジャーナさんも、このようにして懸命に働きました。ご主人は、道路工事などで雇われて働きました。上の子どもから順番に、大学に通わせています。上の子が大学を出ると、就職し、下の子どもたちの学費の面倒をみています。棚ぼた式に、貧困から抜け出すのではなく、知恵をつくし、努力をし、協力をして貧困から抜け出す道を歩んでいます。しかも主に信頼し、希望をもって生きていく中での将来を描いています。

2 ロディータさんの物語

ロディータさんのお母さんは、霊媒でした。隣の部族のいとこが足の切断手術をマニラの病院で受け、退院後私たちの団体のマニラゲストハウスで静養しました。ゲストハウスのマネジャーのアイネッ・ラウンさんは、この方の面倒をよく見てくれました。またイロカノ語の聖書物語をプレゼントしました。ロディータさんは、それを聞いて、アイネッ・ラウンさんに手紙を出し、自分も聖書物語を手に入れました。私たちがカダクラン地区に派遣されることになったことを知ったアイネッ・ラウンさんは、私に「カダクラン地区にはロディータという人がいる。手紙を出しておくので」ということでした。

カダクラン地区に到着して半年してから、ロディータさんは私たちを訪問してくれました。恥ずかしくて、遠くから様子を見ていたそうです。私たちがカダクランの言葉を話していることを確認してから、訪問して来ました。そしてしばらくして、お手伝いさんとして働き始めました。バガバグ研修センターでの翻訳のチェックのための研修会にも、一緒に出てきました。ある夜のわが家の家庭礼拝に参加していて、子どもたちが寝たあと、「どうしても赦せない人がいて苦しい」と訴えました。その日の家庭礼拝の箇所であるマタイの福音書18章にある、王のしもべが王からの借りを免除してもらったが、自分は仲間に対してきびしく当たったというたとえのところから、心を探られていたのでした。祈りましょうと促すと、「赦したいと思います」と祈りました。私は、「赦したいと思うということと、赦しますというのではまったく

ロディータさんは自分を救ったイエスの福音を伝え、霊媒だったお母さんも同じ信仰に導かれた

違うから、赦しますと祈りましょう」ともう一度促しました。十分ほどの沈黙のあとで、絞り出すように「赦します」と祈りました。そして声をあげて泣きました。次の朝、晴れ晴れとした顔で起きてきました。

それから彼女は、カダクラン地区に戻ると、熱心に福音を伝えるようになりました。といっても、とても単純な方法です。年を取った人、体に障害があって田んぼや畑に行けない人のところを訪問し、できたばかりのルカの福音書の一章を何回か読みます。あまり説明はせず、相手の話を聴き、聖書の中に書かれているイエス様は生きておられて助けてくださると励まし、祝福の祈りをして帰ります。それを何週も何週も訪問します。多くの人

がイエス様を信じました。今では、ユース・ウィズ・ア・ミッションが開拓した教会のリーダーの一人です。

またカダクラン地区では、あらゆることが血縁関係でのみなされていきます。ロディータさんは、教会のメンバーで一人暮らしの人と一緒に住もうと申し出たり、民族の伝統から抜け出て、聖書の価値観で生きようとしています。霊媒だったお母さんも、霊媒をやめ、ロディータさんと同じ信仰に導かれました。

3 エルピディアさんの物語

二〇一六年二月一日から三日まで、聖書セミナーをバギオで開催しました。対象は、東ボントク地域の牧師たち、信徒リーダーたちでした。何人来るかまったくわかりませんでしたが、結果的に毎日十五人の参加者がありました。カダクラン地区の隣のバランガオ地区の教会から宣教師として派遣されている姉妹も参加しました。

会場は、カダクラン地区出身のペック・チャログ牧師が主任牧師をしていた教会でした。ペック牧師は、今はこの教会の宣教担当牧師で、開拓教会の責任をもっています。この教会の主任牧師であるエジソンさんと会い、話をしました。会堂の話になりました。とても大きい教会堂です。アメリカのバプテスト宣教団の資金で建てられ、宣教師が撤退するときにローンを組んで払い下げてもらったが、今はこの建物の修理費、維持費、光熱費がかさむので大変だ、と。アメリカからの豊富な資金力や組織力で開拓されましたが、それをまねてフィリピンでやるのは無理だといい、今はお金のかからない方法で伝道牧会をしています。十七のハウス・チャーチがあり、それぞれリーダーがおり、毎週それぞれのところで礼拝しています。この主任牧師と伝道師もセミナーに出席しました。

子どもの世話をしてくれたエルピディアさん

私は前の晩に、エルピディアさんという人に電話して、お昼の料理を作るのを頼みました。彼女は、私たちが一九七七年にカダクラン地区に着任したときに、子どもたちが五歳と二歳でしたので、子どもの世話や、家事の手伝いなどを頼んだ人です。その当時は十六歳ぐらいでした。彼女は、カダクラン地区の中でも端のほうに家がある人で、月曜日の朝にわが家に来て、土曜日の朝に家に帰っていました。歩いて二時間ぐらいのところです。わが家の娘たちも一緒に彼女の家に行って、週末に泊まったりしていました。一九九〇年ぐらいで、私たちは東ボントク聖書翻訳プロジェクトを離れましたが、私たちがバギオに行くときには連絡して会うようにしていました。

彼女が会堂に入って来ると、エジソン牧師はびっくりして、「どうして今日、ここに来たの?」と尋ねました。「福田に頼まれて、お昼を作る手伝いに来ました。」エジソン牧師は、「え? どうして福田を知っているの?」エルピディアさんが説明します。今度は私が「どうしてエジソン牧師を知っているの?」と尋ねました。エルピディアさんが説明してくれました。数年前にご主人が癌とわかり、ずっと闘病生活でした。エジソン牧師と知り合い、一緒にしばしば病院に行き、お祈りをしたり、みことばを分かち合ったりしました。また他のリーダーたちも一緒に行って、小さな集会を病室や自宅で開きました。ご主人は、二〇一五年の八月に亡くなられました。この間、私も知らされて祈っていました。ご主人の闘病のときに、エルピディアさんの大家さんのご主人も同じような癌になり、闘病の末に亡くなられました。この二つの家族を中心に、ハウス・チャーチがスタートしています。エルピディアさんは、子どもが七人、孫が五人います。私も、本当にびっくりしました。主はすばらしいことを彼女と、家族にしてくださっていました。まだまだ痛みの中にありますが、聖書セミナーの手伝いをしてくれて、セミナーにも参加しました。

4　わが家の二人の娘への主の恵み

これらの三人の姉妹の物語をご紹介しました。彼女らは、私たちの子どもたちにも大きな良い影響を与えてくれました。一緒に住み、フィリピンの人々がもっている良い特徴を生活で教えてくれました。彼女らにとっても、私たちの子どもたちは特別な存在になっています。上の友子が中学三年生のとき、下の恵子が中学一年生のときに、私たちは日本に帰国しました。その後、それぞれ大学生のときに、日本ウィクリフ聖書翻訳協会で実施しているフィリピン宣教地体験旅行に参加しました。自分たちが小さいときに育ったカダクラン地区やバーリグ地区に滞在し、上記の三人をはじめ村の人々との生活で身に付けてきたものを、素直に自分の一部として受け止めることができるようになりました。

娘たちには、小学校に入る前は妻の愛子が日本語でいくつかの科目を教えていました。バガバグ研修センターには宣教師子女のための小学校があり、宣教師である教師が数人派遣されて

娘の友子（右）と恵子（左）。小学生の頃は教育宣教師のお世話になった

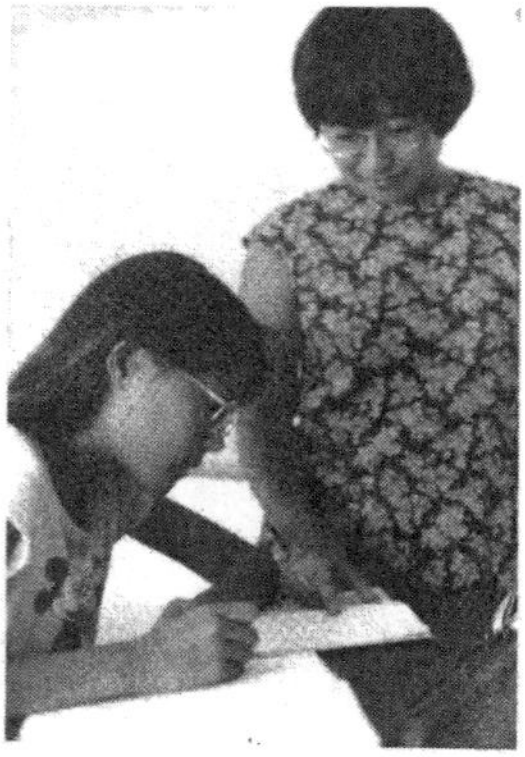

来ていました。研修会があるときは、このセンターに家族で滞在しますので、子どもたちはこの学校に行きます。英語による教育です。一日一時間だけ、愛子が学校に行って日本語を教えました。この学校では、聖書の時間もありました。年に一度聖句暗唱発表会があり、生徒が覚えている箇所を暗唱しました。小学校高学年は、エペソ書を暗唱しました。フィリピンの歴史の授業があり、フィリピン人の教師が来て教えてくれました。日本統治時代のことになると、小さくなって聞いていたそうです。プロジェクト地域に入る際には、二人の子どもが小学校の低学年のときは、研修センターの教師から毎日カバーすべき教材を渡され、それを愛子が、子どもたちが毎日ちゃんと

しているかどうかを確認していました。だんだん愛子が教えるのがむずかしくなり、短期の教育宣教師が派遣されてきました。福永貴恵さん、星野仁子さんの二人で、それぞれ二年ずつ計四年間、日本語を教えてくださいました。今にいたるまで、良い主にある交わりが与えられていることを感謝しています。またこの頃から二人の娘は研修センターにある寮に入り、他の子どもたちとの共同生活をしました。子どもたちの親代わりに面倒を見てくれる宣教師が派遣されて来ていました。私たちがプロジェクト地域にいても、研修センターに日本語で話す先生がいたことは大きなことでした。それでも日本に帰って来て、日本語では苦労していました。しかし高校、大学と日本で教育を受ける中で、日本語の力もついてきました。また英語で十二歳ぐらいまで教育を受けましたので、英語力も保持することができています。

多くの国々からの宣教師の子どもたちと、またフィリピンの方々との生活の中で、多様性に触れつつ子ども時代を過ごせたことは幸せだったと思います。バガバグ研修センターにはプールがあり、毎日泳いでいました。緑の多いセンターですから、遊ぶところも多く、泥まみれになり毎日思いきり遊べました。

上の友子は、フィリピンに行く前の半年ほどピアノのレッスンを受けていました。愛子にとって二人の子どもがピアノを弾けるというのが夢でした。しかしフィリピンではピアノは無理

バガバグ研修センターではピアノを習った

かなと思っていましたが、研修センターにいる宣教師の中でピアノを教えられる人がいて、続けることができました。下の恵子も、ピアノのレッスンを始めることができました。ピアノを習っている子どもは五人ほどいました。数年たつと、子どもたちのレベルが上がり、ピアノを教えられる人々がもう教えられなくなりました。その頃ある宣教師のお母さんが、短期宣教師として着任しました。この方は期間を更新して長く滞在されました。アメリカのジュリアード音楽院でピアノを教えてきた方でした。親たちは、教えてほしいと頼みましたが、年をとっていて弾いてみせることができないので、と固辞されました。それでもとお願いしましたら、毎日一時間、確実に練習するならば教えるということになり、感謝しました。もうだめだと思っていましたが、主はこのような形でピアノを続ける道を開いてくださいました。

第三章　世界で何が起きているのか

私たち夫婦は、フィリピンの山奥に住み、一つの小さな聖書翻訳宣教プロジェクトに従事してきました。最前線の働き人でしたが、同時にフィリピンで主が何をなしておられるかにも注意を払っていました。

フィリピンの教会は、第一回ローザンヌ世界宣教会議の翌年、一九七五年にDAWN（Discipling A Whole Nation ＝民族総弟子化運動）をスタートさせました。これは、すべての未伝のグループに福音を届けるという同会議のビジョンを受けて、フィリピンの教会がした応答です。大きな大会・集会は、私が知る限りありませんでしたが、それぞれの教団・教派・グループが祈りを積み、フィリピンの隅々への開拓を推進していきました。教会数が、一九七五年の五千教会から二〇一七年には七万二千教会へと増えました。信者数も五百万から、一千万近くに増えました。宣教師も数千人規模で派遣しています。フィリピンの教会が使命を受け止めた結果でした。その中で、教職者の教育不足や、開拓伝道者が次々と開拓に行くので、残された教会に信徒リーダーが育たないという弱さも露呈しましたが、教職者の再教育、信徒リーダーの育成に取り組んでいます。また人を育てること、イエス様について行く人を育てることに力を注いでいます。フィリピンの教会は主として、この人を育てることと、その育てることを小グループの中で行うことにより歩んできました。日本では、何十年と信仰生活を続けていても、自分はまだ学びが足りないからと、聖書研究や家庭集会でリードできない人が多いのではないでしょうか。

フィリピン教会の動きは、信徒主導です。信徒が、どんどん周りの人と一緒に聖書を学んでいます。人に時間をいっぱい使います。いつもお茶やパーティーをしている印象です。人と接する時間をつくり、心を開いて一人の人間として過ごしています。クリスチャンの自分と職場の自分が分離していないのです。その中で、人の話を聞き、つながり、助けることにより、人間関係が深まり、信仰を伝達しています。

またフィリピン教会は、信者数が増えても、貧困の課題、政府の汚職・わいろ・腐敗の課題などがあることを自覚し、「おかしいではないか」と感じたことに対して、社会正義のために取り組んでいます。マルコス独裁政権の選挙のとき、投票所の立会人のボランティアなどで正しい選挙になるようにクリスチャンが積極的に働き始めました。ある信徒牧会者は立会人となり、投票用紙に書いてあるとおりに読み上げるよう要求し、その後撃ち殺されました。たくさんの教職者・信徒リーダーが殺されましたが、世の光・地の塩の役割を果たしたのです。これもローザンヌ世界宣教会議で採択された「ローザンヌ誓約」にある、教会の社会的責任に応答したものです。

日本に宣教師として来ている二人の姉妹がいます。二人の母教会はどちらも五十年ほど前にアメリカの宣教師により設立された同じ教団に属しています。地方にある教会です。その二つの教会はそれぞれ十五ほどの開拓教会を生み出し、開拓教会が孫教会を生み出し、二十ほどの教会のグループになっています。そのうちの一つ、タナワン市にあるタナワン聖書教会は、三百人ほどの礼拝です。宣教師を十二人派遣しています。開拓教会には、千人集まっている教会もあります。グループ全体で五千人ほどです。このグループは、三十歳以下が六〇パーセントをしめる教会で、信仰継承ができています。翻って日本の教会は、宣教師により開拓されても、開拓教会を生み出さず、信仰継承もできずに、会員が高齢化しているケースがあるのではないでしょうか。フィリピンでは、タナワン聖書教会のように、自分たちの子どもたち、孫たちに信仰を継承することと、自分の教会に救われる人が加えられること、周辺の町村に開拓教会を生み出すことと、海外に宣教師を派遣することが同じレベルで行われています。それは、信仰者がイエス様について行く人に育てられ、母教会での礼拝や訓練に参加し、置かれたところ（地域・職場・学校など）で、そのところの課題に真剣に取り組み、その中で人間関係が深まり、福音を言葉でも証ししているからだと思われます。私的な生活と公の生活、主日と週日、家庭の中と外が一貫して、一人の信仰者として歩んでいるからと思います。

このようなことは、世界の諸国で起きています。特に二十世紀前半まで被宣教国であった、アフリカ、中近東、アジア、大洋州、中南米でも起きているのです。

世界の隅々に福音が届いている現状を、私が関わってきた聖書翻訳宣教の視点から見てみます。なぜ、神のことばを自分たちの言語で翻訳する必要があるのでしょうか？　なぜ、心の言葉で読む必要があるのでしょうか？　アメリカで聖書翻訳の訓練を受けていた一九七三年のことです。何人もの善良なクリスチャンから質問されました。「日本では、まだ日本語を話していますか？」　その人たちの質問は、アメリカに占領された日本は、フィリピンが英語を話す国となったように、英語を話すようになっているとの認識からのものでした。「いや、日本語で教育がなされていますし、日本語が国語です」と答えますと、「英語を教えたほうが早いでしょうにね」と返されました。聖書翻訳の必要を中国で話すと、漢民族の教会指導者は、「中国国内の少数民族は、中国の公民なのだから、標準語を教えたほうがよい」と答えることが普通でした。インドネシアでも同じでした。「インドネシア語を少数民族に教えたほうが早い」と答えます。世界で話されている多くの言語がすべて消滅し、英語だけになったらどうでしょうか？　以上のように答える中国やインドネシアの指導者も、「アメリカの教会指導者で、世界を英語に統一したほうが福音宣教は促進される、と発言する人もいますよ」と言うと、「とんでもない」と答えます。

聖書の神様は、創造主です。すべてのものを無から創造されました。この創造主は、非常に多様性を愛される神様であると思います。動物の一種である昆虫だけで、八十万種類以上が生きています。魚だけでも、三万種類近くあります。フランシスコ教皇が、教皇に選出されて二日後、二〇一三年三月十五日に枢機卿たちに語りました。枢機卿たちがコンクラーベで数日間過ごしたことを振り返り、六大陸から様々な賜物の人たちが集まっていたことを感謝して、次のように述べました。「とても好奇心をそそります。私は弁護者（聖霊）が教会のあらゆる違いをもたらすように思うのです。これはまるでバベルの塔からの使者のようです。けれども、他方、同じ聖霊こそが、均質性ではなく調和において、こうした違いあるものの一致を形づくるのです。この私たち一人一人に多様なカリスマを与える弁護者が、父と子とご自身、つまり聖霊を礼拝するこの教会共同体において、私たちを一つにするのです。」

福音は「翻訳可能性」を秘めています。世界中のすべての地域で、文化で、言語で、民族で福音の種が蒔かれ、そこに根付き、成長し、花を咲かせることができます。この「翻訳可能性」という言葉は、アフリカの人で、イスラム教から改宗した宣教学者、ラミン・サネーという方が使い始めました。イスラム教では世界中どこでも、コーランが読誦されるときにはアラビア語でなければなりません。しかしイエス様は、アラム語で話されていたのに、それが記録され私たちにまで福音書として伝達されていますが、それはギリシャ語でなされました。聖書は世界のすべての言語に翻訳されることができます。福音も世界中で花を咲かせます。しかしその花は、世界中で同じ色、同じ形ではないでしょう。しかしどれも「花」です。福音の本質は変わりません。しかしその現れ方は、多様です。

神の宣教の視点から考えると、神様は世界の創造者です。世界の王の王です。新天新地では、そのことが完成します。ですから、神様がお造りになり、神のかたちに創造されている、すべての人に福音が届く必要があります。それぞれの母語を話す人で、共通語が十分でない人々は、自分の母語で信仰生活・礼拝生活・教会生活をすることが大切です。

『教皇フランシスコのことば365』の翻訳者は、「街外れ」について「あとがき」で説明しています。「翻訳して気になったのは『Periferie』ということばでした。たとえば、七月二十八日の項で、教皇フランシスコは次のように語っています。『わたしが好きな表現は〝andare verso le periferie 街外れに行く〟です。人間存在の〝街外れ《ペリフェリーエ》〟です。すべての人、現実である肉体的貧しさのなかにある人びとから、これも現実である知的貧しさにあえぐ人びとまで、すべての〝街外れ〟、人類の歩みにおけるすべての道辻、そこに行くのです。』Periferieを日本語訳にするのは難しいのですが、街外れ、最果ての地、光が当てられていないところ、のようなニュアンスがあるように感じられました。教皇フランシスコの目線がどこに向けられているかが分かることばの一つのように思われました。そしてその『最果ての地』とはわたしたちの隣にいる、皆から認められていない人、誰にも相手にされていない人、独りぼっちで苦しんでいる人……かもしれないのではないか、とも考えさせられました。」

世界の少数民族は、文字どおり世界の最果ての地に住んでいます。そこに福音を届けることと、聖書を届けることと、私たちの隣にいる人々に福音を、聖書を届けることは、同じ主のお働きです。日本でも、「日本手話」への聖書の翻訳がなされていますが、私たちの近くにいて、日本国籍の人であっても、聾者は自分の言葉でまだ聖書の全体を「聞く」ことができていません。日本ろう福音協会が、懸命の努力を続けています。

世界ウィクリフ同盟（その当時は、国際ウィクリフ）は一九九九年に《ビジョン二〇二五》を採択しました。「二〇二五年までに、聖書翻訳を必要としているすべての言語において、聖書翻訳プロジェクトを始める」ことを目標に掲げています。

この世界にある約七〇〇〇の言語のうち、聖書全巻（創世記〜黙示録）の翻訳が終わっているのは、たった六八三言語です。日本語は、そのうちの一つです。日本語を母語とする私たちは、その意味でたいへん恵まれています。約三九〇〇言語では、新約聖書もしくは聖書の部分訳があるか、出版されている聖書はまだなくても聖書翻訳プロジェクトがすでに始まっています。二一六三語でも聖書翻訳が必要ですが、まだ聖書翻訳プロジェクトが始まっていません。この二一六三の言語を話す人口の合計は約二億人です。

　六八三言語　　聖書全巻がある
一五三四言語　　新約聖書はある
一一三三言語　　分冊のみ
二四二二言語　　聖書翻訳プロジェクトが進行中
二一六三言語　　聖書翻訳プロジェクトを始める必要があると思われる

（日本ウィクリフのホームページより）

以上の数字は、世界ウィクリフ同盟の二〇一八年発表のものです。数字は、聖書協会世界連盟とすりあわせてあります。聖書協会世界連盟に属する聖書協会で、自国内に聖書翻訳の必要がある聖書協会は、聖書翻訳を推進しています。それらを合計すると、聖書翻訳プロジェクトが進行中の二四二二言語のうち、約四分の一を占めています。そしてこれらの聖書協会は、それぞれの国内の主要言語を中心に聖書翻訳を進めています。残りの四分の三は、主として世界ウィクリフ同盟が関わる諸団体によって推進されています。

世界聖書関連団体フォーラムがあり、二十ほどの団体がネットワークを結んでいます。聖書協会世界連盟、世界ウィクリフ同盟、その姉妹団体であるＳＩＬインターナショナル、聖書同盟、ジーザスフィルムなどです。また大陸別のフォーラム、それぞれの国別のフォーラムもあります。日本でも十五年ほど、聖書関連団体懇談会としてゆるやかな交わりをもっています。聖書の翻訳、出版、頒布などの基礎的な働きと、その聖書が用いられるように宣教的な視点から工夫し、努力している諸団体です。また個人デボーション、家庭礼拝、小グループで聖書に向き合う取り組みを進めている団体もあります。本の形で出版するほか、聾者のためのＤＶＤによる手話翻訳を映像で届ける働きや、ジーザスフィルムやFaith Comes by Hearingのように、ドラマ化して映像で伝えるなどの工夫もあります。また読み書きができない民族のために、聖書の全体の流れ（創造から新創造まで）や、その中心であるイエス様の誕生・十字架・復活などの主だった箇所を、覚えて語り伝える仕方もあります。聖書はいつの時代でも、絶えず通読・朗読が励まされてきました。また、聖書に聞くことが大切にされてきました。

カトリックでも、カトリック聖書連合会（Catholic Biblical Federation）が存在します。日本の「聖書100週間連絡会」など、世界の百三十か国にある聖書をベースにしたミニストリーの団体三百ほどがメンバーです。第二バチカン公会議で、「神の啓示に関する教義憲章」が採択されました。一九六五年十一月十八日のことです。同じ日に「信徒使徒職に関する教令」も採択されました。聖書と信徒の組み合わせは、示唆的です。「神の啓示に関する教義憲章」は、母語による聖書の翻訳・出版と、その結果、信徒たちが母語で聖書に向き合うことを推奨しました（第22項）。すべての信仰者が母語による聖書を手に入れやすいようになる配慮が求められました。その結果、聖書協会世界連盟や、ＳＩＬインターナショナルとの協力関係も進んでいます。私たちがかつて働いた東ボントク語聖書翻訳プロジェクトでも、カトリックとの協力がありました。そのプロジェクトがあるカトリック司教区には、聖書のミニストリーを推進するシスターが任命されており、よく相談しました。カトリック聖書連合会は、六年に一回、国際総会を開催しています。直近では、二〇一五年にイタリアで、「宣教の源である聖書

著者が暮らしたカダクラン地区も日本統治の歴史がある

――私たちの見たこと、聞いたことを宣言する」（Ⅰヨハネ1・3）というテーマで、第九回の国際総会を開催しました。二〇一九年四月には、五十周年の国際聖書会議を開きます。

日本ウィクリフ聖書翻訳協会の宣教師の多くは、アジアや大洋州の諸国で働いてきました。戦前の日本は、それらの国々を束ねる大東亜共栄圏を夢見ていました。八紘一宇のスローガンに表現されているように、天皇を中心としてアジアが一つになるという理想です。そして皇民化教育がなされました。私たちが住んだカダクラン地区でも、三年間の日本統治時代がありました。日本人の教員が派遣されてきたそうです。またフィリピンの教員が、訓練されて用いられました。毎朝の朝礼では、まず宮城遥拝がありました。皇居のほうに向きを変え、最敬礼をしました。最初に天皇におじぎをし、次に向きを変えて駐屯していた日本兵におじぎをし、最後に先生におじぎをしました。次に「君が代」の斉唱です。教育は日本語でなされました。

すでに書きましたが、私たちはカダクラン地区の人々に受け入れられ、民族の一員となり、名前もいただきました。これは日本とカダクラン民族の平和条約だと言われました。日本軍との戦闘により撃ち殺されたり、東ボントク語地域の一つであるリアス地区では、日本軍により村全体が焼き払われたりもしました。

また聖書翻訳宣教で働く同僚も、韓国・中国をはじめアジア諸国の人たちが次第に増えてきました。私のアジア・大洋州地区総主事の後任は韓国の働き人でした。私たちの母教会で行われた交代式のときに彼が、「福田さんと一緒に働いてきて、非常に居心地のよい関係を築いてこられました」と言いました。私は、このことを素直に喜びました。韓国の働き人たちは、日本に対して赦す決断をしています。しかし日本人に会ったことがない人や、日本人と一緒に働いたことのない人がいます。目の前に日本人が現れると、赦していたはずなのに、心の中からむらむらと赦せない思いが出てくるそうです。そこで主と葛藤し、うめき、赦すこと、赦し続けること、一緒の団体で働くように導かれたことを喜ぶように変えられていきます。香港のリーダーの一人は、私とずいぶん親しくなりました。しかし、一緒に働いて長い年月が過ぎた頃ぽろりと、「私のおじさんも日本軍に殺されました」と何かのときに伝えてくれました。このようなアジアの人々と、「和解の福音」に生きることができたことを感謝しています。和解の福音が教会を変えると信じています。

すでに第一章で、私たちが住んでいた地区で「包括的な福音」が社会を変えることを述べました。同じようなことが、フィリピンの各地で起きています。世界ウィクリフ同盟の働きは、姉妹団体である国際ＮＧＯのＳＩＬインターナショナルと協力しています。これは摂理的なことと思います。あらゆる面で助ける包括的な働きが進んでいます。フィリピンをはじめとする発展途上国では、クリスチャンの若者が、国を建て上げることに熱意をもっています。

南アフリカのケープタウンで開催された世界福音同盟世界宣教会議でのことでした。韓国人の宣教師に案内していただき、街並みを見に行きました。きれいに三つの地区に分かれていました。一つ目は白人が住む、広い敷地に立派な一軒家が建っている地区でした。二つ目は、南アフリカ政府が植民地経営のために、インドネシアなどから連れて来た「アジア人」と呼ばれる人々が住んでいた地域でした。ちなみにこの韓国人の宣教師は、「アジア人」宣教のための神学校を設立して、働きを進めていた人でした。この地区はこざっぱりした街並みですが、日本と同じように家が建てこんでいます。三つ目は黒人の現地の人たちが住んでいる地区でした。彼らは非常に狭い地区に押し込められるようにして、ごみごみしているスラム街のようなところに住んでいます。以前は法律で、ここを離れることはできませんでしたが、今ではどこに住んでも自由です。しかし未だにこのような分離を目にしました。またアパルトヘイトという人種差別政策が廃止されてから、支配層であった白人たち（官僚、企業の中間管理職、医師や弁護士のようなプロフェッショナルの人々など）の他国への移住が続いています。

アフリカでは繁栄の神学が盛んですが、南アフリカではクリスチャンの黒人たちが主に信頼し、希望をもっている姿が印象的でした。祈りに応えてくださる主に信頼しますが、棚ボタ式に何でも欲しいものが手に入ることを期待するのではなく、地道に働くこと、努力すること、お互いに協力すること、助け合うことなどにより、厳しい状況ですが、国を建て上げる熱気を感じました。宣教が広がっていると同時に、このような動きがあります。そして、とても明るいのです。希望をもっているキリスト教、という印象を受けました。

第四章　神の働きに必要な資質

――霊的大使として働き人たちに分かち合ってきたこと――

1　フィリピンでの聖書翻訳宣教に従事している中で、霊的大使につながる歩み

私たち家族はフィリピン支部に一九七六年十二月に着任し、それから十数年働きました。着任のとき、私は三十歳でした。四十五歳頃まで心血を注いで、東ボントク語聖書翻訳プロジェクトのために全力で働きに従事しました。様々な場面で関わりをもつフィリピンの人々に対しては、同じ目線での関係を築くことを心がけました。本当に感謝でいっぱいの時期でした。課題は、フィリピン支部の三百人ほどのメンバーとの関係でした。そのときの働き人はほぼ全員、西欧の国々から派遣されて来ている方々でした。非西欧国のウィクリフから派遣されたのは、フィリピンでは私たちが初めてでした。

私は、いろいろ考えたことをたくさんメモに書きつけました。フラストレーションをそのま

まぶつけても、何も得られないと気がついたからでした。メモに書いて、それについて考えたり、黙想したり、主と対話するようにしていました。また黙想の中で教えられたことなどを、フィリピン支部の様々な機会に発言することもできました。このようなプロセスは、精神衛生上も良かったと思っています。夫婦でもたくさん話し合いました。

また一九八〇年代のことですが、ヘンリ・ナウエンの本がメンバーの間で読まれるようになりました。私は彼の著書を読む中で、多くのことを教えられました。派遣地域がほぼカトリックの信徒である地区なので、カトリックを理解することに努めました。神父さんやシスターなどとの交わりも与えられました。ヘンリ・ナウエン以外でも、カトリックのものを読むようになりました。私がカトリックについてもっていたイメージは、宗教改革のときのもので、固定していたものでした。私たちがフィリピンに着任する十年ほど前の一九六五年に第二バチカン公会議が終了しました。この公会議は、新しい教義については決定せず、教会の現代化をテーマにしたものでした。フィリピンのカトリック教会は、第二バチカン公会議の各種の文書を学習しているときでした。「典礼憲章」により、母語の聖書、母語による礼拝が推奨されていました。私たちの東ボントク語地域でも、「ラテン語でのミサのほうがいいな」という信徒もいましたし、母語で聖書を読むように勧める司祭に対しては、「今度の司祭はバプテストじゃないの?」と言う人もいました。キリスト教諸教派との協力（エキュメニズム）を定めた「エキュメニズムに関する教令」も第二バチカン公会議で発布され、カトリックの司祭などには周知のことでしたので、私たちもカトリック教会の神父やシスターの協力を得て、聖書翻訳を進めることができました。

カトリックの修道会の種々の霊性を知るようになりました。たくさんの修道会がありますが、修道会によって祈りの仕方、修道の仕方、霊性、目標が違うことに気づきました。修道者を目指すカトリックの信徒は、それぞれに合った適切な修道会に導かれ、そこに留まり、生涯修道の道を深めます。またカトリックの修道会には、二つの目的、すなわち、使徒的職務（イエス様が使徒に託された宣教）と修道があることに気づきました。特に私たちの地域で働いている修道会は、宣教修道会といわれていました。すなわち「宣教の使命」と「修道の使命」の二つを受け止めている姿でした。

自分も含めて、仕事人間が多いのがウィクリフの特徴です。奥地で上司がそばにいなくても、自分で仕事をスタートし、切り開いていく人々です。自分の中にある仕事への意欲が強いのです。聖書翻訳や識字教育を推進するために、実に多くの仕事がありました。それぞれの基礎的な霊的生活はありますし、またフィリピン支部として「霊的生活のための委員会」があり、リトリートなどを企画していました。しかし足りないものを感じていました。そのうち、霊的形成（Spiritual formation）は生涯の目標だということに気がついていきました。「修道」ということに、もっと心を用いていくべきであると確信するようになりました。

アジア大洋州地区総主事のときに、仕事時間の中で、一週間、二週間の静まりに行くことを、まず総主事補佐の人々に促しました。それには、自分が率先してリトリートに行きました。会議などがあるときに合わせて、フランスやバングラデシュのテゼ共同体、韓国の祈禱院などに行きました。それらは裸になれるところでした。言葉が通じないところ、知っている人がいないところでした。

また日本での静まりの時をもつように努めました。次に総主事補佐の人々が、自分の責任のもとにある人々に、仕事時間の中からリトリートに行くように励ますようにしてもらいました。これらは病気による休み、年間に定められている休暇、本国に戻って働きの報告をする期間などとは別に、休みを取ることができるように励ましたものでした。雇用ベースのフィリピン人のスタッフもいましたが、それらの人々も、静まりの時をもつように促されました。中にはこのような機会を悪用する人がいるのではと注意を促す人もいましたが、百人のうち一人が悪用しても、九十九人が静まりの時をもって、霊的にリフレッシュされるほうがずっと良いと答えました。

アジア大洋州地区総主事を退任する前に、世界ウィクリフ同盟の総主事から、霊的大使への就任を打診されました。世界ウィクリフ同盟では初めての役割ですし、他の宣教団体にもないものでした。世界ウィクリフ同盟に加盟している各国のウィクリフ団体には、メンバー・ケアの部門があり、カウンセリングをしてくれるところもあります。大切な役割を担っています。しかしそれとは別に、霊的大使は働き人たちの生涯にわたる霊的形成に焦点をあてるものです。しかし以前のように、私は動くことはできません。ですから旗を振る役割と考えています。次の世代の人々が、このことをさらに進めていってほしいと願っています。特に欧米では、神学校で霊的形成の講座を開くところが増えてきました。欧米の教会でも、霊的形成担当の牧師がいるところが増えてきているようです。「修道」について、生涯にわたって成熟していくことの必要性を語ってきました。

2　アジア大洋州地区総主事のときに「健全な多文化チーム」

アジア大洋州地区総主事として、Healthy Multi-cultural Team（健全な多文化チーム）をつくりました。十人のメンバーは、様々な背景の働き人でした。聖書翻訳者、文化人類学者、医療従事者、事務職などの職種でした。国籍的にも、香港、韓国、日本、インドネシア、米国、フィリピンと多様です。また立場的にも、サポートベースの宣教師、雇用ベースの事務職員であった人、協力団体の働き人など様々でした。数年間にわたり、年二回の会合を重ね、二〇〇六年十一月に二十四ページの報告書を、国際リーダーチームに提出しました。

会合は、まずお互いを十分に知るところから始めました。しかし最初から、欧米のチームメンバーはフラストレーションを感じました。期待されている成果をあげるためには、すぐにその期待されていることが何であるかを議論し、定義し、目標をはっきりさせて、前に進もうと主張しました。しかしアジア人のチームメンバーは、全員まずはお互いを知ること、人間関係をしっかり築くことに時間をかけることは当然と考えて、その時間を楽しんでいました。この会合に出席している三人の米国のチームメンバーは、初めて少数者として会合に座っていることに気づきました。アジア人のメンバーが長い年月味わってきたフラストレーション、また忍耐が必要とされる場面に遭遇したのです。

ディスカッションをするときにも、英語が母語の人は有利です。ディスカッションにはルールがあります。それは、それぞれの小さいときからの教育の中で身に付いていきますが、国により、そのルールが違います。またディスカッションに参加してどのように評価されるかが、これもまた違っています。

欧米では、エレベーターに乗るとき、ドアを通過するときなどには、きわめて紳士的で、人に先を譲ることが美徳です。しかしディスカッションのときには、「お先に」という気持ちはなくなり、積極的に発言します。積極的に発言するほうが、評価が高い教育の中で育てられているからです。

ディスカッションは、ちょうどボールが真ん中にあり、人々がその周りに円陣を組んでいるようなものです。発言できるのは、そのボールを持っている人だけです。発言が終われば、そのボールを真ん中に返します。だれかが質問を投げかけたとします。次に発言しようとする人は、とりあえずそ

聖書翻訳には多文化のチームワークが大事

のボールに手を伸ばして、ボールを手に入れます。そしてその質問を言い換えます。言い換えている間に、言うべきことを考えます。英語が母語の人であれば、そのようにできます。しかし英語が母語でない人は、遅れをとってしまいます。また英語が母語でない人は、英語が母語の人が一分で言えることを、二分かかってしまいます。そのため、そんなに時間をとっては悪いと思い、発言を控える傾向が出てきます。そうすると、その人は何も考えていないのだと見なされて、低く評価されてしまいます。それ以上に、その人がもっている貴重な意見を皆が聞く機会が失われてしまいます。欧米では、人を誉めるときに、あの人は発言が簡単明瞭です、と言います。自分の考えを、明確にコミュニケートできることが大切です。欧米の植民地として長い間過ごした国の人は、欧米人はいつも正しいと教えられてきた背景があり、会合で欧米人がいると、発言を控える傾向にあります。また発言と発言の合間に沈黙があると、欧米の人は不安になり、何とかそれを埋めようとします。しかしこの会合では、「沈黙はＯＫ」というルールを採用して、沈黙があっても、しばらく発言する人を待つようにしました。

以上のような文化的な差異を知っていくことが大切であると、チームメンバーは認識を深めました。そのような文化的な違いをお互いに認めつつ一致して、またお互いを大切な同僚として一緒に働いていくには具体的にどうしたらよいかを話し合いました。聖書翻訳宣教で働いている働き人が、現状のように様々な背景から来ているので、お互いを大切にするスペースを作ること、すなわちお互いの文化の全部のことを知っていると期待しないこと、わからないこと、混乱していることなどを表明してよいというスペースを作ることが大切であると考えました。テーブルに向かっての会議のときだけでなく、食事やコーヒーブレイク、どこかに一緒に行くことなどが推奨されました。またディスカッションのために、できるだけ事前に文書を参加者に届けること、英語が母語でない人の発言が時間をとってもよいことなどを考えました。

霊的な成熟がすべての土台であることも確認しました。宣教団体では、成果を出す人が評価される傾向があります。団体で出す出版物では、そのような人が取り上げられやすいのです。しかしそのような人が、周りに迷惑をかけ、霊的には未熟であることがあります。このチームは、聖書翻訳宣教に関わっている働き人が、定期的にリトリート、黙想の時などを取るように強く勧めました。多くの宣教団体は、宣教に関しては明確なビジョンをもち、戦略・プログラムなどでも詳細な文書があります。しかし霊的成熟（霊的形成）については、各働き人の責任という面があります。これに対してチームは、聖書翻訳宣教に携わる団体が、この面を大切にするよう訴えました。

霊的な側面と、実際的な知恵・スキルの両方が必要であるという認識でした。

3　各種の性格テスト

ウィクリフ聖書翻訳協会では、多くの文化の中から、様々な母語を話す人々がチームを組みます。国籍も違います、受けた教育も違います。また教派的にも実に様々な背景です。ですから志願の段階で、Compatability（適合性）が審査されます。ウィクリフは、バプテスト訳の聖書を翻訳するわけではありません。ウィクリフのメンバーの中には、洗礼を滴礼で行う教会・教団の人もいます。浸礼で行う教会の人もいます。浸礼の教会が母教会の人が、滴礼の教会が母教会の仲間の働き人に、浸礼がいかに聖書的かと議論する必要はありません。ウィクリフは、基本的な信仰告白をもっている働きだからです。

また各種の性格テストにより、自分の傾向や弱さ、また祝されている部分を謙遜に自覚することは大切です。すなわち自分がもっている自画像と、周りの人々がもっている自分へのイメージが、できるだけ一致しているほうがよいのです。

ベルビン方式は、チーム・ワークのために次の九つの役割を考えます。

①プラント――創造力があり困難な問題を解決できる人

②資源探索者――外交的で熱中しやすく、好機を探る人
③コーディネーター――優れた議事進行者で、明確な目標を示し意思決定を促すことができる人
④形づくる人――挑戦的で、精力的に障害に立ち向かっていける人
⑤チームワーカー――協調性があり、もめごとを避けるタイプだが、人の話をよく聞き築き上げる人
⑥実行者――有能で頼りがいがあり、アイデアを実行に移せる人
⑦補完的完成者――勤勉で誠実な仕事を納期どおりに行う人。また自分や他者の誤りや手抜きにうるさい人
⑧スペシャリスト――特定分野の知識やノウハウをもつエキスパート
⑨モニター――優れた戦略的判断力をもつ人

各自がどのようなタイプかは、二十分程度の質問に答えることで得られます。テストの結果として、チームの成員のそれぞれについて、九つの役割の強いものから弱いものへと順番に並べられます。強いほうから三番目までの役割に注目して、チームの中で役立てるようにします。また四番目から六番目までの役割は、チームの中でこの役割をもっている人がいなければ

使うようにします。しかし七番目から九番目の役割は無視して、向上させようと努力しないようにします。自分になくても、チームのだれかがもっていれば、それが発揮されれば良しとします。チームの成員のポジションとチームの中での役割を区別します。チームの中で、ポジション的には一番新入りで、簡単な作業をする人がいるとします。この人は、役割としては実行者としての面が強いとします。するとチームで話し合いをしているときや、何かの拍子に、「チームが前に進んでいないですね」というようなコメントを発します。それに対して、「あなたは自分の立場を考えなさい」とその発言を封じるのでなく、その人が実行者としての役割が強いがゆえに感じるものを大切にするようにすると、チームのプラスになります。

マイヤーズブリッグス方式も用いられています。七十の質問に答えると、四つの指標について、その人の傾向が出てきます。これは絶対的なものではありませんし、一人の人でも人生の年を重ねていけば変化することもあります。しかしある傾向を示すので、自分と他者を理解するのに助けとなります。

「内向」は、一人でいるとエネルギーが蓄えられる人です。「外向」は、人と一緒にいるとエネルギーが蓄えられる人です。「感覚」で動く人と、「直感」で動く人。「思考」は、ものごとを考えて理詰めで動く人。「感情」は、心が動かされて動く人です。「判断的態度」は、決断がいつも最終の人です。「知覚的態度」は、決断が暫定的なものです。四対の指標の組み合わせで、十六のタイプがあります。

ストレングスファインダー方式は、リーダーのために必要な資質を四つ挙げています。①実行する、②関係を築く、③説得する・影響を与える、④戦略的に考える

これらのどこに自らの強さがあるかを知り、他のリーダーで他の強さがある人とチームを組んで働くことができます。ちなみに私は、「関係を築く」と「説得する・影響を与える」が強い資質です。

かつてフィリピンで聖書翻訳宣教師として歩んできました。その後も国際団体である世界ウィクリフ同盟、またその姉妹団体であるＳＩＬインターナショナルの中で奉仕してきました。主張の激しい仲間の働き人の中で生き延びて、よい奉仕を続けるために、いろいろのことを考え、経験し、成長してきました。

共依存にならず、自立して個が確立していることが大切です。責任をもって、決断することが大切です。「〇〇させられた」というような受け身の表現を、日本人はします。人間関係を

心配して、断れずに何かをしたときに、あとで言い訳として使われる表現です。一人一人が自立している必要があります。といっても、「振り子の原理」を考慮に入れれば、共同体の成員の意見との調和も必要です。

「『愛と祈り』だけでは打開できないとすれば、他に何が必要なのでしょうか。それは『識別と選択』です。」(14頁)

「何かを決めたとき、『私はこう識別しました』と言うべきではありません。『識別の努力をした後、私はこれを選択しました』と言うべきです。」(22頁)

「選択すると、実行できる」(25頁)

「決断し実行してこそ、間違いもわかる」(28頁)

「間違いがわかるためには、もう一つ必要なことがあります。それは、選択し、実行した後、その結果を神の前に置いて祈るということです。そして、神からの示しを待つのです。」(33頁)

(『目からウロコ　キリスト者同士の人間関係』来住《きし》英俊著、女子パウロ会)

心理的なテストにより客観的なデータが出てきますと、自分の姿と向き合うことになります。当然、このようなテストには限界があり、絶対的なものではありません。しかしある一定程度の姿を浮き彫りにしてくれます。主が多様性を愛されるお方であることから、私たち一人一人の姿が異なっていることは自然のことと思います。このようなテストで浮き彫りになる姿と、自分が己についてもっている姿との間に、大きなギャップがないことが望ましいと思います。自分の姿に向き合い、その姿を受け入れることが大切です。主が導いてくださる道筋を識別していくときにも、自分を知っていることは大切な要素です。振り返りをして、自分がどのように生きてきたか、どのように用いられてきたかに大きな気づきが与えられると、将来に対する道筋にも光が与えられます。単なるテストではなく、霊的な側面も合わせて、自分に向き合っていきます。こうしたことは、特にチームを組んで働くときには重要になります。

4　二十一世紀の宣教者像

二〇〇〇年に私は『21世紀の宣教者像』を自費出版しました。聖書学校の宣教学のテキストとして用いました。私自身が歩んできた中で、いくつもの失敗や葛藤とともに考えつつ、御旨にそって歩みたいと願いながら、またどのような信仰者となっていくべきかを求めてきた集大成です。次の世代の信仰者を育てる中でも、これらの点に留意してきました。いくつかの点に絞ってお分かちしたいと思います。

第一部は、「宣教の土台」、第二部は「宣教の推進者」、第三部は「宣教の実際」でした。第二部の第二章は、「宣教者の姿を追求する」。その第四節は、「宣教者の召しと導き」です。「召しは特に『教職者』にだけ当てはまるのでなく、すべてのクリスチャンが、主の召しをいただいて、それぞれの人生を歩んでいます。」（42頁）「導きという場合には、召しの確かさの中で、その時と場と職種が特定されて奉仕していきます。」（43頁）

「召し」という用語を、教職者への召しに限定して用いる方々も多くおられます。私は限定せず、すべてのクリスチャンが召されていることを信じ、そのようにこの用語を使っています。導きは、召されているクリスチャンに具体的な形が与えられることです。二十一世紀は信徒の時代であると予測されますが、そのためにも、この用語は以上のような使い方をするのが適切と考えています。

第八節「宣教者のやりがいの構造」では、西岡文彦著の『やりがいの構造』を紹介しました。ウィクリフの同僚の宣教師の中には、まさにこの本で言われていることを具体化したような宣教師がいます。

用　人が使って役に立つ、道具・方法を作る。施設管理の宣教師。
善　人が喜ぶことに喜びを感じ、お世話する。ゲストハウスの責任者。
美　人が見て美しいと感じる物を生み出す。聖書の表紙などを製作するアートの人。
豊　人が使っていけるように情報・富・書籍を集める。リサーチの人。
知　人が知識の深みに入れるよう、物事の本質を知ることに努める。学者。

ちなみに、私は「豊」です。それぞれの賜物を受け止め、周りの人の賜物を感謝し、良いチーム・ワークが築ければと願います。

第十節では、「現代に生きる宣教者・伝道者・キリスト者の成長と訓練」について、私なりに考えて、育てるための指針を書きました。まずは小・中・高の時代です。◎何でも好き嫌いしないで食べる。◎質素に育つ。◎野外・屋外の活動に慣れる。◎友だちと遊んで育つ。◎自分の考えを述べる。◎友達と協力して何かをつくる。◎基礎学力を身に付ける。◎基礎体力をつける。◎英語を学ぶ。◎異文化体験をする。◎聖書通読をする。◎聖句暗記をする。◎教会生活に励む。

大学・専門学校の時代では、次の項目です。◎専門分野を深める。◎英語力を磨く。◎日本語の力を磨く。◎異文化体験をする。◎何かを成し遂げる。◎チーム・ワークを身に付ける。◎みことばから自分で糧を得る。◎個人伝道に熟達する。

また「地を這う開発援助のプロ」といわれる米坂浩昭著の『裏道国際派』から学ぶべきことがあります。この本は、海外での開発援助に関わりたい人のためばかりではなく、日本国内で信仰者として生きていく人々にも参考になります。被災地で働くとか、置かれた地域の必要に応えて働くとか、様々な場面に有効だと思います。82頁以降に、著者の「裏道国際派五箇条」が掲載されています。その概要を要約します。

一、人々との人間的共感が基礎になければならない。

「開発は知の体系ではなく、実践の蓄積であるというのが私の信条である。知の体系であるなら、それに従事する者のＩＱが高ければそれでよいのかもしれないが、実践の蓄積に貢献するためには、途上国の人々と一緒に活動できる心理的基盤として人間的共感を持つ者でなければならない。」（83〜84頁）

一、確立した専門性を求められる。

「専門性に関連して、若い人たちと話していて一つ感じることがある。若いのに、自分の専門性を広げるより、これまでやってきた狭い経歴のなかに、なんとか無理に自分の専門性を築こうとする人が意外と多いことだ。」（87頁）

一、語学力はマスト（must）である。

ここでは英語です。また英語以外の、主たる言語やマイナーの言語の修得も勧めています。

一、二つのタイムリミットを忘れるな。

二十八歳ごろまでに、海外での開発援助で生きていこうと決心する。三十四歳ごろまでに、〇〇さんは〇〇の専門だという専門性を身に付ける。

一、キャリア形成上のヒントを知ろう。

（米坂浩昭著『裏道国際派五箇条』新潮社）

ここでは、私の考えもお伝えします。今までは二十歳が成人でしたが、これからは十八歳になります。しかし、実際は三十歳ごろに成人するというのが私の考えです。大学で学んだことを土台に、就職しても、ちょっと違うなと思い、また数年間学び直したり、英語の学びに留学したり、ボランティアで海外に行ったり、被災地で働いたり、だんだん自分の人生が見えてくるのが三十歳ぐらいと思います。

第二部の第四章は、「宣教に必要なスキルを身に付ける」です。

第一節「学びのサイクル」。経験→その経験を描写する→反省をする→次の機会のために提案する→機会がくればその提案を適応（実践）する。

第三節「観察する、参加しながら観察する」。どんな状況でも、部外者として観察する人がいれば、そこにいる人々は落ち着きません。でもこれは、参加して学びたい場合のスキルです。しかし参加していても、一〇パーセントほどの自分は観察しています。ノートを取ったりはしません。

第四節「リスク・テーキング」。新しい分野、新しい場所で、挑戦しないで自分の中に閉じこもっていれば、何も始まりません。しかし猪突猛進で、いきなり大きく始めれば失敗してしまいます。だれでも「コンフォート・ゾーン」といわれる、自分がリラックスできる領域をもっています。それを少しずつ広げていくことです。

第九節「やり抜く、困難にひるんで逃げない」。これは現代ではもっと求められている資質と思います。「困難にあっても、ひるんで逃げない、ガッツのある、やり抜くファイト、果敢な攻撃精神、明るい堅忍不抜の姿勢が大切です。緊張するのでなく、あくまでも明るく、屈託のない態度で、それでいて、あくまでも与えられた使命を果たす者でありたいです。完全な人はいませんが、一歩一歩成長していきたいものです。」(78頁)

国際ウィクリフ聖書翻訳協会(現在の世界ウィクリフ同盟)のカウンセリング部門のロウラ・マエ・ガードナーさんが、困難に耐える性格について十四のポイントを挙げていますので、紹介します。カウンセリング部門の小冊子で述べています。

1. 痛みや楽しみに対する態度――痛みはどんな値を払っても避けるべきと考えなくて良い。楽しみはどんな値を払っても獲得すべきと考えなくて良い。痛みも楽しみも人生の一部である。しかし、人生の道標ではない。
2. 欠乏への態度――困難に耐える人は、自分のすべての必要が満たされなくてもやっていける。無くても死にはしないと考えられる。それに固執しない。
3. 中毒にならない――物事に容易に中毒にならない。
4. 権威に対する新しい見方――困難に耐える人は支配しようとしない。また、他の人が上に立てられているときに、責任を放棄しない。責任ある立場は、熱烈に求めるべきものではなく、また、恐れて遠ざけるものでもない。他の人が責任をもっていれば、自分の仕事をできる限り忠実に続ける。ときには自分が上になり、またあるときには自分が下になる。そのような人は、受け身でなく、また支配的でもない。また、無力でもない。

5．視点――「私はこの劇の中心ではない。ストーリーは私から始まり、私で終わるのではない。これは主の歴史である。私は、私より大きな全体の一部である。現在の状況を完全に理解していなくても、解決がわからなくても、私は主に信頼し続ける」と言う人は、敗北を受け入れることが出来る。というのは、最終的な勝利を確信しているからである。世界が自分の周りに回っていると感じる、ナルシストではない。

6．自分に関する認識――困難に耐える人は、自分についてよく知っている。自分の強さ、弱さを知っており、それらを受け入れている。攻撃的でなく、自分の内側をいつも見つめていない。他人と自分を比較しない。愛をもって他人に接する。

7．部分的な責任――責任を取れる。自分のした良いことに対して、他の人の賞賛を素直に受け入れる。また、自分のした悪いことに対して、責めを素直に受け入れる。他人を責めない。自分の過ちに対して、弁解したり、否定したり、合理化したり、正当化したりしない。責任を避けない。完全な責任を自分の身に受けない。

8．与える人であり、ため込む人ではない――困難に耐える人は、人生を本当の意味において豊かに生きる人である。愛・エネルギー・財・時間を与える人である。惜しげもなく施し、他人を信頼し、働き、与える。

9．希望の人である――希望に生き、嵐のときに安定を与える。毎日の生活を前向きに生きる。この人は、悲観的・批判的でなく、状況が悪くても簡単にがっかりしない。

10．創造的――この人は、創造的に、革新的に、状況に挑戦する。無い物ねだりをしない。

11．部分を使える――困難に耐える人は、アイデアに富んでいる。助けがくるまで、何もしないのでなく、工夫する。

12．次善の策でも楽しんで生きる――あるものをもって足れりとすることができる。手に入らなかったことについて文句を言わない。がっかりしても、そこにいつまでも留まらない。

13．ユーモア感覚――自分のことを笑える。自分のことを深刻に考え過ぎない。他人が自分のことを笑っても、怒らない。柔軟である。どんな人とでも自然に接することができる。

14．もう一度やり直す能力――失敗の後で、もう一度やり直すことが出来る。その失敗を再び繰り返さないようにする。このような人には、他人はその誤りを指摘しやすい。（78～81頁）

健全な自己理解と自己受容が必要と思います。バランスの取れた歩み方が大切です。自らの魂のケア、心と体のケアをし、適切な休みを取り、主のくださる良いものに感謝しつつ、地道な歩みを続けたいものです。助けを求めることができるスキルも大事です。心を広く開け、また人々との関わりを楽しみ、家庭を開放して、人が来る家にしたいものです。

聖書では、神様が被造世界や人類に対してどのように考えておられるかが、啓示されています。天地創造から新天新地への歴史の流れです。この大きな神様のご計画の中で、私たちは声を掛けられ、召されて主のものとなりました。個々の信仰者としても、地域教会としても、団体としても、そのご計画の中で、どのように歴史を刻むかは、それぞれが識別し、決断し、実行していくことになります。識別がきわめて重要になります。

第五章　日本に置かれている教会とその文化・将来・宣教

第二次世界大戦の後のキリスト教は、多くの宣教師が来日し開拓伝道がなされました。また戦後復興してきた戦前からの教団・教派も積極的に開拓伝道を推進しました。開拓伝道に宣教師や日本人教職が派遣されました。そこでのイメージは、教職者主導の開拓でした。そこでイメージしていたのは一教会・一会堂・一人の教職者だったのではないでしょうか。開拓した結果、信仰決心した方々が洗礼を受け、群れとなりました。この方々は、様々な「奉仕」をして教職者を助けますが、基本的には受け身の姿勢ではなかったでしょうか。ことに聖書からの説教、聖書の学びなどは教職者の仕事と考えたのではないでしょうか。そして多くの開拓教会が目指したのは会堂建築でした。結果として、現在の日本には八千もの地域教会があります。それぞれの教会には、会堂があり、群れが存在し、牧師がいます。また群れに属する信仰者は、真面目な信徒が多く、忠実に歩んできています。しかし現在、教職者も信仰者も高齢化しています。教職者の平均年齢は、六七・八歳です。六十代以上の教職者が七二パーセントですので、全体の約一万人の教職者のうち、七千二百人です。これから十年たつと、これらの人々はきわめて限定的な奉仕の形態になると思います。五十代の教職者が千八百人、五十歳以下の教職者が千人です。五十歳以上が九千人です。四十代が八百人、三十代が二百人です。十年たつと、多くの方々が引退するか、限定した奉仕になり、アクティブな教職者は二千八百人になります。信仰者の平均年齢は、日本基督教団の場合六二・九歳です。七十歳以上が四〇パーセント、五十歳以上が七八パーセントです（『データブック日本宣教のこれからが見えてくる——キリスト教の三〇年後を読む』第6回日本伝道会議日本宣教170▼200プロジェクト編著、51〜53頁）。

すでに「無牧」の教会が増えてきていますが、今後はもっと多くの教会が「無牧」になります。礼拝出席者数で一番多いのは十〜十五人の会衆で、一五五〇教会あります。全体の二〇パーセントです。礼拝出席者数が三十人以下の教会が約五〇〇〇教会で、全体の六三パーセントです。「無牧」になっている教会、これから「無牧」になるのは、このような教会ではないかと思います。「在外日本語宣教従事者の集い」が第6回日本伝道会議のポストプログラムとして開催されました。五人のパネラーが立てられたシンポジウムでした。一人のパネラーが、「無牧という言葉を使うのをやめようと思っている。世界の各地の都市に、日本語で集い、主を礼拝する小さい群れが存在している。神学校を出ていない、牧師でない信仰者で、牧者の心をもっている人が、家を開放し、集会をもっている」と言われました。また別のパネラーが、「海外では教会とは何かが問われている。牧師や建物なしで教会の群れが成り立つかを問うている」と言われました。

また同じ伝道会議の中で、分科会の一つに「在日外国語宣教」というのがありました。日本国内で様々な母語で集まっている群れが多く存在しています。共通の課題は、礼拝場所です。公民館、市民センターなどを利用しています。宣教が先へ先へと進んでいき、働き人が足りないので、人を育てることに力を入れ、信徒のリーダーが小さい群れをリードして、礼拝・交わり・聖書の学びをしています。

フィリピンでは一九八〇年ごろより、イエスについて行く人を育てることと、それを小さなグループで行う群れがいくつかスタートしました。多くの人が救われ、イエス様について行く人になり、小さなグループの責任をもつようになっています。

以上述べた、海外における日本語礼拝、日本国内の外国語による礼拝、フィリピンの小グループでできている教会に特色的なのは、信徒中心であることです。教職者は、信仰者を育てることに心血を注いでいます。一九八〇年頃からスタートしたフィリピンのいくつかの群れは、三十年ほど会堂を建てませんでした。一つの群れは、小グループのリーダーが一万人ほどになり、全体で十万人になった段階でリーダーシップ・センターとして建物を建てました。信徒がそれぞれの生きている場で、イエスについて行く人として生活し、行いで主を証しし、言葉で福音を伝えていきました。会堂中心ではない、教職中心ではない、プログラム中心ではない群れの形が定着し、そのDNAが次の若い世代にしっかりと継承されること、すなわち教会のゴールが継承されるのに三十年かかったのだと思います。教会の文化が変わるのに時間がかかります。小グループのリーダーは、帰納的に聖書を学び、生活に適応していくこと、またその群れを導くことにかけては、実践的に高度なものを身に付けています。信仰者が聖霊の促しの中で、聖霊のお働きを信頼して歩んでいます。とはいえ、勝手に動いているのではありません。教会として、聖書の教えが正しく受け止められ、教えられていくように教職者は力を注いでいます。小グループのリーダーは、アカウンタビリティ（説明責任、透明性）の原則により、きちんと歩んでいるか、また聖書をただ教えるのではなく、聖書に従って歩みをしているかどうか、聖書を正しく理解しているかどうかが確認されています。秩序が保たれています。しかし御霊の自由があります。聖霊によって信仰者が用いられる姿を描き、ぶれずに進んでいく全体の指導者がいます。

これらいくつかの群れが、フィリピンの教会全体に良い影響を与えています。会堂中心、プログラム中心、教職中心であった伝統的な教会が、信徒中心、置かれたところ中心になり、聖霊に導かれて動く教会になっています。信徒は半端でなく、人とのつながりのために時間を使います。一緒に食事をしたり、お茶をしたりします。友達になることと、福音を分かち合っていくことを区別していません。すべてを主のためにしますが、悲壮な思いではなく、パーティーを楽しみ、人生を楽しみながら歩んでいます。これらの群れは、人々との関係性を大切にすることが、福音宣教の第一歩と教えています。そしてこれらの群れをはじめとするフィリピンの教会は、若者であふれている教会です。若者は良くも悪くも、群れていたいのです。クリスチャンたちが、教会堂の中に閉じこもらず、学び舎で、仕事場で、地域で、積極的にあらゆるクリスチャンと、また善意の人々と協力して、地域を良くするために、国を建て上げるために関わっていきます。フィリピンを愛しています。それぞれの地域を愛しています。それぞれの部族を愛しています。あまり大きなことを考えるのではなく、小さなこと、できることをそれぞれが、自分の生活圏でしています。

ＧＤＣ２０１６（第二回世界弟子訓練大会）の講師の一人のジョイ・ボニファシオさんが、マタイの福音書28章19節の箇所を〝as we go〟と理解していると語りました。今している仕事をやめて、出て行きなさいというのではなく、今生きている人生、働いている人生、家族と暮らしている人生のすべての領域で、主の弟子・福音の使節となって「行きながら」、人々と関わりをもち、それを深め、主を証ししていくこと、主のすばらしさを分かち合っていくことであるとの趣旨を語りました。救いに導かれるのは聖霊のお働きであるので、主に信頼して自分の小さな貢献をすることです。

あなたがたは、
行きながら・行くことによって（人々と関わりをもち、福音を伝え・証しし）、
父と子と聖霊のお名前でバプテスマを授けながら・授けることによって、
わたしが教えたことを彼らに教え続けながら・教え続けることによって、
彼らがわたしの弟子となるように助けなさい。

（マタイ28・19～20、福田崇敷衍訳）

ＣＣＦ（主の大宣教命令教会）は、リーダーを育てることを継続的にしています。二つの特色に私は気が付きました。一つは、説明責任とも訳されたりするアカウンタビリティです。小グループをリードしている人が、自分を導いて育ててくれた人と、月一度は会って分かち合い

をし、自分の生活や信仰の歩みが主が期待しているように進んでいるかを確認し合います。ここでは透明性や正直な心も大切にしています。またこの小グループをリードしている人は、自らの小グループの中から小グループのリードをできる人を育てるようにします。その人が小グループを始めると、その人と月一度の分かち合いをします。

また置かれたところで、関係性を深めることに努めますが、それはその地域・職場・学校・趣味のグループなどで、誠実に善意の人々と協力して、一緒に働く中でのことです。その中で、自分がもっている歴史観、世界観、人間観、職業観などを自然な雰囲気の中で分かち合います。また自分が人生に対してどのように向き合っているか、病・死・苦しみに対してどのように考えているか、世界や宇宙の将来に対してどのような希望をもっているかなども話し合いのトピックとします。このような友人との対話から始まり、その人が聖書に関心を示せば一緒に学んでいきます。それが小グループに発展することもあります。友人との対話から、求道者としての小グループ参加、信仰告白して洗礼準備の段階、洗礼後の学び、イエスについて行く人として育つ段階と、これらをシームレスに進めています。

意外と、私たちは自分の物語を語れないのではないでしょうか？　分かち合っていないのではないでしょうか？　「私の物語」を共有しているのが小グループであるという視点に立てば、そこにまだ信仰者でない人が加わっても、その人の物語を聞けるのでないでしょうか？　また信仰者も「私の物語」を語れるのではないでしょうか？　接点があるのではないでしょうか？　何もその人の人生のすべての物語を語る必要はありません。「介護についての私の物語」「子育てについての私の物語」「仕事についての私の物語」などとトピックごとに分かち合えます。ペテロの手紙第一3章15節にある「あなたがたのうちにある希望について説明を求める人には、だれにでも、いつでも弁明できる用意をしていなさい」との勧めを真剣に受け止め、説明できるように、弁明できるように信仰者が成長することが急務です。

主の働きは、第一幕の創造から、第二幕の人間の堕落、第三幕の神の民の選び、第四幕のイエスの誕生・生涯・十字架・復活、第五幕の教会の時代、第六幕の悪の滅び、そして最後の第七幕で新天新地の創造まで進んでいきます。第五幕の教会では、私たちが登場していることの自覚、主から使命を与えられて立たされていることの自覚が大切と思います。ときに教会歴史の中で、この使命がぼやけることがあります。この面で、主からの刷新が必要であり、またそのことを主に祈っていきたいと思います。

「互いに信仰を証し、世界に向かってキリストを宣べ伝えることは教会の本質的な態度です。これは、聖霊降臨の出来事から始まりました（使徒1・4～8、引用略）。人々の救いのために、聖霊の賜物は教会の中でいつも生きていました。組織が硬直状態にある時、衰退または歴史的に教会のかたちが変遷する時、キリストは聖霊の賜物を特別豊かに与えてくださいます。（中略）キリストへの明け渡し、回心、自分に死ぬことを受け入れるという非常に個人的な行為によって、聖霊の賜物を受けることになります。」

（『クリスチャンの基本的体験の道』ヘリベルト・ミューレン著、1～2頁）

フィリピンで感じる、「濃さ」あるいは「熱気」は何だろうかと考えていました。信仰者が、自覚的に信仰者として、主からの使命を受け止め、神の国の住民とされた喜びのうちに、仕事の関係性の中で、地域の関係性の中で、学び舎の関係性の中で、また人生のあらゆるつながりの関係性の中で、生きています。趣味の関係でも、また人生の様々な通過地点で（誕生日・結婚記念日をはじめ、受洗記念のときに、卒業のときに、入学のときに）、しばしば集まってお祝いをしますが、それも信仰者としての人生の一つです。人と一緒にいる時間を大切にします。「自分の生活」が教会の生活と分かれていません。フィリピンでは、教会の体質、あるいは文化が変わってきました。

一人の人が、イエス様に出会うために、百歩のステップを必要とします。私たち一人一人の信仰者との出会いが、多くの人の一歩として用いられれば感謝です。宣教は聖霊の主のお働きですから、他のステップは主に信頼し、お任せできます。フィリピンの兄弟姉妹は、パーティーなど人生を本当に楽しんでいます。主に委ねているからでしょうか、楽観的です。

多くの信仰者が、それぞれに自覚して、「一歩」として用いられれば、まだイエス様に戻って来ていない人々が、それぞれの多くの関係性の中で福音に触れることになり、ある信仰者は、刈り入れの人として用いられるでしょう。といっても、本当の意味で刈り入れられるのは主ですが。また小グループでは、時間を共にすることを大切にしています。また信徒が固有の使命を主からいただいていることを、繰り返し確認し、宣言し、信徒が福音を伝えること、新しい信仰者がイエスについて行く人になるように育てることが期待されている、と伝えています。フィリピンの教会ばかりでなく、アジア・大洋州・アフリカ・中南米の教会から学ぶことが多いのではと思います。日本の教会は、欧米からのいろいろな流行的な運動が入ってきました。鎖国状態のような日本ですから、何かが紹介されると、それがはやるという傾向があるのかもしれませんが、もっとじっくり識別して、聖書が何を教えているか、宣教のあり方・宣教の方策も聖書に戻り、また聖霊の導きの中で識別することが大切と思います。

フィリピンの一つの群れで、五本指の優先順位を聞きました。親指は、神様第一。人差指は、夫婦の関係。中指は、家族の関係。薬指は、働き・仕事・ミニストリー。小指は、趣味。四番目で初めて、働き・仕事・ミニストリーが出てくることは注目すべきと思います。また趣味が五番目に入っていることも大切です。フィリピンで小グループに参加したとき、リーダーがテニスのトーナメントがあるので、どうしても終わりの時間はきちんと終わります、と言って、そのとおりに終わり、にこにこしてテニスに向かいました。しかも、それも主の中にあることであることがはっきりと伝わってきました。

このようなフィリピンの教会ですが、主のお働きは小さくスタートしています。目立たないような形で、ごくごく普通の方々が用いられて、いろいろなことがアバウトです。しかし、喜びがあります。共に集まることを楽しんでいます。日本にあるフィリピン人の教会でも、宣教師たちはそれぞれの生きている場で知り合いになるフィリピン人たちを中心に、集まり始めます。聖書を開くようになります。宣教師は、それらの人々の信仰の確立と同時に、その人々の成長を目指していきます。四時間一緒にいると、一時間は賛美、一時間は聖書の学び、一時間は交わり・お茶、一時間は弟子訓練です。

私はフィリピンの教会と共に長い間歩んできましたが、フィリピンに置かれている教会は、フィリピンの隅々へのヴィジョンを受け止めています。日本全体には、約八万の神社が存在しています。神職は約二万五百人です。仏教のお寺は、寺院数が約八万五千、僧侶数が約二十二万人です。全国の郵便局が、約二万五千存在します。小学校の数は、約二万三千です。日本の原風景の一つに、どんな辺鄙なところでも人の住んでいる集落であれば、お寺と神社があるのではないでしょうか。このことから考えると、約八万から十万という数字が出てきます。これはすべての集落のレベルと考えられます。あるいは身近な生活圏や生活感覚で考えると、郵便局や小学校の学区域で、約二万五千ぐらいの数字ではないでしょうか。このように、創造主であり贖い主であるまことの神を礼拝し賛美する群れが日本の隅々に存在することは、一会堂・一教会・一牧師ではなく、信仰者の群れが存在すると考えたほうがイメージしやすいと思います。それぞれの信仰者が、置かれたところで信仰者として生き、また日本の隅々に信仰者の群れが生まれることを願い、また世界の隅々に福音が届くことを願い、祈っていきたいと思います。それはイエス様が願っていることです。これらは信仰者の生活の営みで伸びていく自然な人とのつながり、趣味・仕事・同級生・親戚などのネットワークで広がっていくものでしょう。

日本の教会が、「志を高くもつ！」このことが大切と思っています。日本の隅々に主の愛が届くというビジョンを、主から与えていただきたいと願います。「日本宣教」という主からの委託をどのように受け止めるか、深まりが必要と感じています。熱い思い、地道な努力の信仰者が起こされる必要があります。このためには、信仰者の成熟が必要と思います。日本宣教の文脈で、主が何を願っておられるかを感じとる識別において成熟させていただきたいと思います。良いことはたくさんありますが、今、ここで主が何を願っておられるかを知り、識別し、決断し、実行していく勇気です。胆力です。このためには自らの動機を探られ、自らの栄光ではなく、主の栄光を求める生き方へと信仰者が変革され続けることが肝要と思います。日本において、諸外国と同じように、静かな霊的革命が起こされますように。

現在の日本に置かれている教会の現状を目の前にして、私たちは識別をします。主は何を願っておられるのですか？と問います。聖書に戻ります。歴史を読み返します。主との交わりを大切にします。識別には、聖霊の導きが必須ですが、それは神の民の信頼の歩みの深化・成熟が欠かせないからです。教職者が不足している現実に対して、献身者を募る動きを加速すべきでしょうか。カトリック教会では、献身のことを召し出しと言っています。神様は召し出されるので、それに応答するという理解です。司教区には養成担当者（召し出し係）が置かれています。また修道会や宣教会の場合にも、召し出し係が任命されています。このような担当者の人員を増やし、予算を増やし、召し出しの働きを加速することも一つの方策でしょう。もう一つの方策は、献身者が生み出されてくる苗床である、教会の青少年層を厚くする歩みです。それと同時に、それらの方々がイエス様について行く人に育つように取り組む歩みです。日本のカトリック教会は、後者を識別しているように思われます。プロテスタント教会にも共通の課題です。この後者の選択は、信仰者に与えられている使命を受け止めるという聖書の教えに戻ることです。教職者が増えてきたら、信徒は引っ込んでもらうというのではありません。教職者が増えても、信徒の本来的な役割は変わりません。教職者は、聖徒を整える役割を果たし続けます。今の危機のときは、チャンスのときではないでしょうか。

二〇一六年の夏、私は次のような祈りと願いを主に捧げました。今でも祈っています。

◎主のあわれみにより、イエス様について行く人を育てること（弟子づくり）と小グループのミニストリーに用いられますように。また次世代の働き人たちを支えるミニストリーに用いられますように。

教会史において、ローマ帝国がキリスト教を国教にした頃から、社会が教会に入ってきたので、教会が変質してしまいました。本気に聖書を生きようとして、小さな共同体で主に従うことを求める人々が現れ、修道院運動となっていきました。現代においても、会堂に来て、礼拝し、会堂の掃除を手伝い、教会のイベントを手伝っている真面目なクリスチャンは、礼拝にも来ないクリスチャンよりも、真面目な会員といえます。今、日本の教会には、ゆるやかな雰囲気があり、イエス様は私の救い主ということは信じているが、信仰が深まっていない人が多いように感じられます。これらの会員が、イエス様の弟子としての自覚に生きているかは、これらの奉仕とは必ずしも連動していません。しかし主は、今、新たな宗教改革を起こしているように感じます。イエス様の弟子となろうと願う信仰者、みことばを学び、主から教えられたことに従っていく信仰者、そして自分と同じような信仰者を生み出すことに情熱を与えられている人々が、教派を超えて起こされています。多くのこのような信仰者は、良いパン種として今までの枠組みの中で、しかしそこを超えて、新しいパラダイムに移行し続けています。

◎日本においても、聖霊の主のご介入がありますように、イエス様について行く人を育てるミニストリーと小グループミニストリーの器として用いられる二十代後半から、三十代前半の方々が起こされるように祈ります。主がそのような恵みを日本にくださるよう祈ります。母教会の宣教教会をそのような聖霊が起こされる運動・流れの中に用いてください。日本宣教を推進するビジョンの人を若い世代から主が起こしてください。

フィリピンで、一九八〇年代の初めに、いくつもの弟子づくり・小グループの運動が摂理的にスタートしました（CCF, VCF, Jesus is Lord Church, Couples for Christ, El Shaddai）。この背後には、聖霊の油注ぎがフィリピンにあるように祈っていた執り成し祈り手のグループがあったことが、いずれ明らかになるでしょう。それぞれが三十年以上にわたり、地道に取り組んできて、大きな群れになっています。そのことが、それまでの伝統的な諸教団・教派に良い影響を与えています。また日本における在日フィリピン人教会連合が、日本における主の宣教の中で、良いネットワークの中に位置づけられ、相互に良いチャレンジ・影響を与え合うことを期待していきたい。また他のエスニック・ミニストリーとの連携がなされるよう、側面援助ができればと願います。

◎主よ、二千年の教会史において、聖霊と信徒は脇役でした。これからの千年紀において、聖霊がお働きになります。聖霊に動かされる信徒が前面に出て、用いられますように。

聖霊に応答し、イエス様の弟子として二十四時間・三百六十五日、そして生涯にわたり生きていきたいと願います。しかしこの決断は、一回限りのことではなく、日々続いていくものです。イエス様の弟子として生きることは、小グループの中での「相互性」により、推進されることを確信しています。これらのことは、みことばへの新たな情熱と、宣教への情熱を生み出すでしょう。

またこのような歩みは、一朝一夕に成るものではありません。語り続ける繰り返しが、長い間にわたってなされ、人の価値観・世界観が形成されます。人の言葉、文章、文書、メッセージは、その人のそれまでの人生の総体が凝縮されているものです。人はそう簡単に変革されませんが、しかし時間をかけて変革されていきます。

アジアをはじめ、日本の教会でも聖書に親しみ、聖霊によって動かされるように、しかも信徒がそのように用いられるように祈っていきたいと願っています。

あとがき

締めくくりの言葉として何を書くかを考えていて、やはり宣教師として最初に派遣されたカダクラン地区のことをお知らせしたいと考えました。カダクラン地区での主のお働きに関わってきて、いくつかの問いが私の内に出てきました。ゆっくり進むように見える主のお働きです。カダクランで多くの教会が開拓され、母語で聖書を読みたいと願っている信仰者が多くいるのに、なぜ聖書翻訳のプロジェクトが進捗しないのか、主の御想いは何であろうかと考えてきました。

歴史の変遷

ルソン島北部にあるＳＩＬバガバグセンター（ＳＩＬは、現地で聖書翻訳を推進するＮＧＯ）は、私たち家族が一九七七年から一九八七年までベースとして東ボントク語聖書翻訳プロジェクトを推進したところです。このセンターは、北部ルソン島に散在する聖書翻訳プロジェクトの後方基地として、また研修センターとしての役割を担いました。虎川清子宣教師も、一九七九年から二〇〇四年までここを拠点にしました。このセンターは、二〇一〇年七月末をもって閉鎖となり、五十年の歴史に幕を閉じました。フィリピン共和国の文部省に寄贈されました。私たちがいた頃は、三十チームの外国からの聖書翻訳チームがいましたが、最後には四チームほどになり、維持が大変なことから、閉鎖が決定されました。同時に、SILフィリピン支部総会でフィリピン支部の再編が決議されました。フィリピンにおける聖書翻訳の主役から脇役に移行することが中心です。以下に述べるバーリグ聖書協会などを助けることが大切な働きになりました。フィリピンのために、ボントク族のために、東ボントク語地域のために、バーリグ・カダクラン・リアスのそれぞれの地区のために祈る人が、日本でも、世界でも起こされ、祈りがささげられていることを感謝しています。

カダクランの変化

二〇一〇年六月の訪問のときに、村から来てもらったジプニー（ジープ仕様の乗合自動車）で七時間移動して、バガバグセンターからバーリグ地区経由で、カダクラン地区（五集落）に行きました。ずっと以前は、車はバーリグまでで、その先は一日かけて歩いて行きました。翌日は主日で、ユース・ウィズ・ア・ミッション（YWAM）が開拓した教会に出席しました。以前のヘルパーであるロディータさんが、最初の一斉祈禱を十数分ほど力強くリードしており、心から主を崇めました。このロディータさんは、ずっとカダクランにおける新約聖書のために、それにより人々がイエス様に対する愛を深め、信仰を強められるように願っています。午後には、カダクラン地区にある九教会の牧師・信徒代表などが集まり、カダクラン語による新約聖書プロジェクトについての話し合いが行われました。このためバーリグ聖書協会理事長のセフェリーノ・オリヤンさんが、私と一緒にカダクラン入りして説明し、質問に答えました。一致した意向として、カダクラン語での新約聖書を翻訳し、出版することが決められました。二〇一一年三月の体験旅行の際にも、合同礼拝のときに教会代表者が集まり、カダクラン語の聖書への要望が確認されました。バーリグ語で新約聖書が二〇〇四年に出版されましたが、カダクラン地区ではほとんど売れませんでした。バーリグ地区では二千冊印刷したものが、現在はほとんどありません。

二〇一六年三月に開催されたバーリグ聖書翻訳協会理事会で、カダクラン語による新約聖書翻訳プロジェクトをスタートすることが決議されました。四月から、このことがカダクラン地区の小学校の掲示板で知らされました。また二人の翻訳者を採用することが発表されました。

カダクランの合同礼拝

この翻訳は、バーリグ語の新約聖書の改訂が終わったところで、この原稿をもとに、コンピューターによる単純な助詞などの変換をして、その原稿のプリントアウトに基づき、それを土台として、カダクラン語に直していきます。カダクラン語とバーリグ語は、単語としては八〇パーセントほどが共通です。働きは二〇一九年からスタートするのではと思います。私たちは一九七七年から一九八二年までカダクランで過ごしました。その後はバーリグに移住しました。三十五年ほどの年月が過ぎ、カダクランで新約聖書の翻訳が再スタートします。

バーリグ地区とリアス地区での主の働き

ＳＩＬフィリピン支部の働きとして、バーリグ地区（五集落）では新約聖書が完成し、現在はバーリグ聖書協会が責任をもって旧約聖書の翻訳がなされています。カトリック教会、バプテスト教会、ペンテコステ教会、二種類のスピリティスタ教会があります。バーリグ語の聖書が、個人デボーションや家庭礼拝で用いられ、また聖書研究が盛んになるようバーリグ聖書協会が尽力しています。カトリック教会には、「Couples for Christ（キリストのための夫婦）」という小グループ運動があり、バーリグ地区では、百カップルが登録しています。毎週七つの小グループに集う人々は、四十カップル、八十人ほどです。賛美、お互いのための執り成しの祈り、みことばの学びと分かち合いが中心です。みことばの学びはバーリグ語の新約聖書を使っています。日本ウィクリフのフィリピン宣教地体験旅行でも、聖書が用いられるように協力しています。聖句暗唱大会や聖書朗読大会に参加しています。虎川宣教師は、一九八四年から二〇〇四年までバーリグに住み、働

聖書翻訳を助けた伝道師バージーさん

きを推進しました。このバーリグ地区では、当初の聖書翻訳宣教師のオールソン夫妻を助けたバージー・クウヤオさんが、ずっと全聖書の完成を祈っています。バプテスト教会の婦人伝道師（バイブル・ウーマン）でしたが、十年ほど聖書翻訳プロジェクトで奉仕しました。

リアス地区（二集落）は、日本軍が全戸を焼き払ったところです。カトリック教会、スピリティスタ教会、バプテスト教会がありますす。バプテスト教会は、バーリグバプテスト教会の開拓伝道です。三つの地区の中では一番、祖先崇拝・悪霊崇拝が強いところです。リアス地区では、まだ新約聖書のためにずっと祈ってきている人に出会っていませんが、

リアス地区は戦時中、全戸が日本軍に焼き払われた

きっと主は祈りの器を起こしておられると信じています。

以上、東ボントク地域における主のお働きを概観しました。ゆっくりと見える中でも主は確実に御業を進めておられることに励まされています。また私の宣教師としての生涯で、統合的・包括的な働きに関われたこと、そのように宣教理解の上でも整えられてきたことを感謝しています。また被宣教国からの宣教師の増加が急速に進むことを目の前で見てきました。そこでの働き人の整え、成熟の必要性を感じてきました。様々な背景の人々が一緒に働くときに、難しさがありますが、主は多様性を愛しておられること、またその多様性の中に生きている働き人が一致して働くことを願っていると信じます。

母教会である宣教教会（日本福音キリスト教会連合）をはじめとする日本の諸教会と教友の支えによって歩んでこられたことを心から感謝しています。この著書も多くの恵みをいただいてきたことへの感謝の気持ちの表れとして書きました。日本のためにも、主の大きな訪れがあるように祈っていきます。

妻の愛子、与えられた二人の娘を心から感謝しています。上の友子は、国際ＮＧＯジョイセフで発展途上国における妊産婦や乳幼児の死亡率の減少と女性の社会参加のために二十年以上働いています。下の恵子は、福音のための働き人として、日本宣教の重荷をもって歩んできました。日本ウィクリフ聖書翻訳協会のプログラムとして実施されているフィリピン宣教地体験旅行も、約三十回を重ねています。二百人を超える方々が参加されました。元気なうちは、引率していきたいと願っています。東ボントク地区の人々には、日本にクリスチャンがいること、また若いクリスチャンがいることが、大きな励ましになっています。

「ウエストミンスター大寺院の壁に、ジョン・ウェスレーおよびチャールズ・ウェスレー兄弟の印刻」があり、「その下に有名な句」があるそうです。

「神は自らの働き人を葬りたもうも
自らの働きを継続したもうなり」

（『アフリカ・英米・宣教紀行（下）』蔦田二雄著、イムマヌエル綜合伝道団国外宣教局、一九六八年、104頁）

私は、二〇一八年十月で七十二歳になりました。神の宣教の業ですから、神御自身が歴史を前進させ、新創造に至る道筋を確実に切り開かれるという希望をもっています。神の摂理の御手に楽観的に信頼していきたいと思います。日本に置かれている主の民が、その使命をたえず聖霊によって新たにされ、信仰者がそれぞれのところで豊かに用いられるよう、主が導かれるところに残りの生涯を用いていきたいと願っています。カダクラン地区における主のゆっくりと見えるお働きと、日本における主のお働きは似かよっていると思います。主は何をしておられるのだろうかと、訝るような気持ちが出てきます。しかし主のお働きですから、主に用いていただけるように整えられ、歩んでいきたいと思います。

「福音は何を変えたか」と問われれば、何よりも私が変えられたことが第一のことです。単にクリスチャンになったというだけではなく、生き方・世界観が変わりました。また変化は、最初に全部があったのではなく、生きていく中で、考えながら、求めながら、聖書を読みながらの長い間にわたる連続的な変化です。また私ばかりではなく、私の家族、また派遣されたフィリピンの東ボントク地域の人々にも変化が起きました。派遣母体である宣教教会をはじめ、日本の諸教会が変えられ続けていくことも、私の強い願いです。

このような形で、私の歩みや教えられてきたことをまとめることができ、心から感謝しています。根田祥一氏をはじめとして、いのちのことば社の皆さんにはたいへんお世話になりました。

しかしここに書いたのは、あくまで私個人の責任で書きました。日本ウィクリフ聖書翻訳協会や母教会である宣教教会の見解を表現するものではありません。あくまで私個人に責任があります。

また本書は、あくまで私と家族が、フィリピンに派遣されて歩んできた道筋、その後も団体の中で奉仕してきた歩みを記述したものです。私たちが派遣された頃は、通常は一聖書翻訳プロジェクトに一チーム（夫婦の単位か、独身の女性複数の単位）でした。そして聖書翻訳、識字教育、包括的な働きを担いました。しかし現在では、少数民族の教会が協力し、また近隣のいくつかの少数民族が協力して、複数言語聖書翻訳プロジェクトが増えています。ここに書いたような聖書翻訳プロジェクトが必要な場合もありますが、フィールドは大きく様変わりしています。そのように導いておられる主に感謝しています。

福音は何を変えたか
聖書翻訳宣教から学ぶ神のミッション

2018年4月20日　発行

著　者　福田　崇
印刷製本　シナノ印刷株式会社
発　行　いのちのことば社
〒164-0001 東京都中野区中野2-1-5
電話 03-5341-6922（編集）
03-5341-6920（営業）
FAX03-5341-6921
e-mail:support@wlpm.or.jp
http://www.wlpm.or.jp/

ISBN 978-4-264-04039-2